历史穿越报

千古一帝 康熙帝
了不起的皇帝

冰心儿童图书奖获得者 **彭凡** 著

化学工业出版社
·北京·

前言

如果你想了解一个人，就和他一起吃饭、聊天、逛街，关注他的朋友、他的敌人，以及他周围的一切。可是……

如果他是一位古代帝王，该怎么办？

很简单，坐上我们的时光机，回到他生活的年代，和他一起吃饭、聊天、逛街，关注他的朋友、他的敌人，以及他周围的一切。

当你回到古代，你会发现，原来古人也和我们一样，也要工作、学习和娱乐，也爱美食、八卦和明星。

你会发现，你想了解的人，也正是大家热烈讨论的那个人。

你会发现，当时的好多新闻、八卦都与他有关。

你会发现，就连广告中也处处有他的身影呢。

武则天刚刚发布了一则公告，要在全国进行大改革，年号要改，旗帜要改，衙门名称、官职名称等都要改，连都城的名字都要改，话说她这是要登基当女皇的前奏吗？

朱元璋正在招兵买马，小编穿穿刚好会几招三脚猫功夫，要不要报名去试试？

一个通讯员告诉我们，李世民又和魏征在大殿上争得面红耳赤了，我们要不要偷偷把这个镜头拍下来呢？

……

现在,你是不是迫不及待想回到古代,在第一时间内了解这些新闻和八卦呢?别急,我们已经派人穿越了,将你想知道的一一记录下来,刊登在《历史穿越报》上。

这套《历史穿越报》一共十本,分别详细记录了汉武帝、唐太宗、武则天等十位帝王的成长历程。每本《历史穿越报》有十二期,一月一期。每期报纸中都有五花八门的新闻、八卦、访谈、广告、漫画,让你目不暇接。

我们的记者队伍非常庞大,分布在全国各地。有一部分人喜欢专门记录重大事件,我们将这些稿件放在"叱咤风云"栏目。

我们还有一批勤奋的通讯员,每天穿梭在各大茶馆。他们可不是去喝茶哦,而是为了搜集百姓的八卦、言论,给"百姓茶馆"栏目准备素材。

我们还设立了一个"鸿雁传书"栏目,古人有什么困扰、烦恼,统统都可以通过来信告诉我们,小编穿穿会一一耐心回复哦。

我们还有一位大嘴记者,名叫越越,专门负责采访当时最杰出或者最有争议的人物。他是一个胆大包天的家伙,就算是皇帝也要刁难一下,古人们可要做好准备了!

当然,我们还有"广告铺"栏目,欢迎大家刊登广告,价格从优哦!

最后,希望大家在看完这份报纸后,不仅能读懂帝王们的一生,还能从中获得知识、经验与勇气,让我们的穿越功夫没有白费。

第1期　幼年丧父

【烽火快报】佟妃诞下龙子，皇帝态度冷淡……………………… 11
【百姓茶馆】惊闻：三皇子出痘了…………………………………… 12
【叱咤风云】皇帝的第一个儿子——皇子们的理想——亡也天花，
成也天花 …………………………………………………… 13
【鸿雁传书】皇帝要寻死，怎么办?………………………………… 16
【文化广场】千锤百炼的八旗兵……………………………………… 21
【名人有约】特约嘉宾：爱新觉罗·福临…………………………… 23
【广告铺】告京城百姓——国姓爷收复台湾啦——赐太监、宫女为
董鄂妃殉葬 ………………………………………………… 25

第2期　鳌拜专权

【烽火快报】八岁小皇帝登基………………………………………… 27
【叱咤风云】大清帝国的四条腿——由"换地"引发的血案——小
皇帝亲政，苏克萨哈惨死………………………………… 28
【鸿雁传书】好朋友被杀了，我该为他们报仇吗?………………… 30
【百姓茶馆】鳌拜的气焰太嚣张……………………………………… 34
【名人有约】特约嘉宾：孝庄太皇太后……………………………… 38
【广告铺】禁海令——大赦令——请往本府议事——皇帝大婚，普
天同庆 ……………………………………………………… 40

第3期　智斗鳌拜

【烽火快报】皇帝爱上了布库戏……………………………… 42
【叱咤风云】康熙施计擒鳌拜……………………………… 43
【百姓茶馆】鳌拜到底敢不敢造反？……………………… 47
【鸿雁传书】遏必隆的忏悔书……………………………… 48
【名人有约】特约嘉宾：鳌拜……………………………… 49
【广告铺】太学开课通知——关于男女着装问题——洋人招助
　　　　　手啦……………………………………………… 51
【智者为王】第1关………………………………………… 52

第4期　以农为本

【烽火快报】圈地令要废除了……………………………… 54
【叱咤风云】皇帝鼓励大伙儿多垦荒——皇帝要改行做农夫？——
　　　　　御稻米：皇帝亲自培育的水稻品种…………… 55
【鸿雁传书】没牛没种子，咋种地？……………………… 58
【百姓茶馆】朝廷是不是急着收税？……………………… 59
【文化广场】《耕织图》——农耕的艺术………………… 65
【名人有约】特约嘉宾：爱新觉罗·玄烨………………… 66
【广告铺】严禁再建寺庙——防治蝗灾的通知——盛世滋丁，永不
　　　　　加赋……………………………………………… 68

第5期　云南兵变

【烽火快报】一封出人意料的辞职报告⋯⋯⋯⋯⋯⋯⋯⋯ 70
【叱咤风云】赔了夫人又折兵——大清朝刮起了"辞职风"——吴
　　　　　三桂造反了⋯⋯⋯⋯⋯⋯⋯⋯⋯⋯⋯⋯⋯⋯⋯ 71
【鸿雁传书】台湾要不要和三藩搞联合？⋯⋯⋯⋯⋯⋯⋯⋯ 74
【百姓茶馆】大臣们展开了一场"辩论会"⋯⋯⋯⋯⋯⋯⋯ 75
【名人有约】特约嘉宾：吴三桂⋯⋯⋯⋯⋯⋯⋯⋯⋯⋯⋯ 79
【广告铺】皇上要来阅兵啦——告诸位亲王书——新书到货啦——
　　　　救灾志愿者招募启事⋯⋯⋯⋯⋯⋯⋯⋯⋯⋯⋯⋯ 81

第6期　平定三藩

【烽火快报】突然冒出个"朱三太子"⋯⋯⋯⋯⋯⋯⋯⋯⋯ 83
【叱咤风云】坚决平叛，绝不谈和——真的是乌龟拖住了吴三桂
　　　　　吗——吴三桂被孤立了——五个月的皇帝⋯⋯⋯ 84
【鸿雁传书】我的命好苦啊⋯⋯⋯⋯⋯⋯⋯⋯⋯⋯⋯⋯⋯ 86
【百姓茶馆】赫舍里氏皇后真不幸啊⋯⋯⋯⋯⋯⋯⋯⋯⋯ 87
【名人有约】特约嘉宾：纳兰明珠⋯⋯⋯⋯⋯⋯⋯⋯⋯⋯ 95
【广告铺】皇上罢朝五日——大家一起来狂欢吧——南书房官员
　　　　选拔启事⋯⋯⋯⋯⋯⋯⋯⋯⋯⋯⋯⋯⋯⋯⋯⋯ 97
【智者为王】第2关⋯⋯⋯⋯⋯⋯⋯⋯⋯⋯⋯⋯⋯⋯⋯⋯ 98

第7期　收复台湾

【烽火快报】意想不到的任命……………………………………100
【绝密档案】揭秘施琅的复杂身世——不肯剃头的郑经………101
【叱咤风云】南风北风，选哪一个好呢——"破肚将军"和"独眼主帅"——台湾回到了祖国怀抱……………………………103
【百姓茶馆】施琅获得了独家指挥权……………………………106
【鸿雁传书】关于台湾，是弃是留呢……………………………111
【名人有约】特约嘉宾：施琅……………………………………112
【广告铺】欢迎科技人才——中国皇帝爱西学——木兰围猎…114

第8期　打倒"大狗熊"

【烽火快报】贪得无厌的"大狗熊"……………………………116
【叱咤风云】可恶的"罗刹鬼"——藤牌兵，大清国的奇特"兵种"——第二次雅克萨自卫反击战…………………………117
【百姓茶馆】有香喷喷的鹿肉可以吃噢…………………………119
【鸿雁传书】签订《尼布楚条约》………………………………126
【名人有约】特约嘉宾：康熙帝…………………………………127
【广告铺】诚招俄文通事——八天造出一个冲天炮……………129

目录

第9期　亲征噶尔丹

【烽火快报】皇上要御驾亲征了！……………………………… 131
【绝密档案】噶尔丹是何许人也？……………………………… 132
【叱咤风云】"驼城"是个什么东西？——皇上是个神箭手——众
　　　　　　叛亲离的噶尔丹，服毒自尽了……………………… 133
【百姓茶馆】噶尔丹的谎言………………………………………… 135
【鸿雁传书】呜呜呜，我老婆死了………………………………… 138
【名人有约】特约嘉宾：噶尔丹…………………………………… 140
【广告铺】太监也要读书——民谣一首——寻好书——纪念太皇太
　　　　　后逝世五周年…………………………………………… 142
【智者为王】第3关………………………………………………… 143

第10期　康熙南巡

【烽火快报】皇帝南巡，亲自视察治河情况…………………… 145
【绝密档案】新河道总督上任了………………………………… 146
【叱咤风云】康熙被泼了盆"冷水"——大清皇帝成了孔子的
　　　　　　"粉丝"……………………………………………… 150
【百姓茶馆】黄河的脾气不好治………………………………… 151
【鸿雁传书】朕冤枉靳辅了……………………………………… 152
【文化广场】《全唐诗》：史上最完备的唐诗集………………… 155
【名人有约】特约嘉宾：康熙帝………………………………… 156
【广告铺】关于治河经费的规定——不许无故干扰商人——最后的
　　　　　诀别……………………………………………………… 158

第11期　父亲与儿子的战争

【烽火快报】皇太子被废了！……………………………… 160
【绝密档案】太子被废的秘密……………………………… 161
【叱咤风云】争储战争打响了——废太子被复立啦………… 164
【百姓茶馆】正确夺位的方式……………………………… 166
【鸿雁传书】太子太让朕失望了…………………………… 170
【名人有约】特约嘉宾：爱新觉罗·胤礽………………… 171
【广告铺】生辰钱——第一次出使欧洲——不想饿死的人，跟我们走！………………………………………………… 173

第12期　最后十年

【烽火快报】一封置人于死地的书信……………………… 175
【绝密档案】《明史》，大清的一根高压线……………… 176
【鸿雁传书】谁为明朝撰史？……………………………… 177
【百姓茶馆】阿哥们又开始争储啦………………………… 178
【叱咤风云】入兵安藏，十四阿哥显神威——新旧更替，新皇帝竟是………………………………………………… 179
【文化广场】《康熙字典》：史上最详尽的字书………… 183
【名人有约】特约嘉宾：爱新觉罗·胤禛………………… 185
【广告铺】千叟宴邀请函——最好的地图：《皇舆全览图》——修撰《明史》，一项伟大而艰苦的工作……………… 187
【智者为王】第4关………………………………………… 188

智者为王答案 ………………………………………… 189
康熙生平大事年表 …………………………………… 191

第1期

公元1654年—公元1661年

幼年丧父

康熙大帝

穿越报
CHUANYUE BAO

【烽火快报】
- 佟妃诞下龙子，皇帝态度冷淡

【叱咤风云】
- 皇帝的第一个儿子
- 皇子们的理想
- 亡也天花，成也天花

【文化广场】
- 千锤百炼的八旗兵

【名人有约】
- 特约嘉宾：爱新觉罗·福临

【广告铺】
- 告京城百姓
- 国姓爷收复台湾啦
- 赐太监、宫女为董鄂妃殉葬

穿越必读 CHUANYUE BIDU

　　康熙帝年幼的时候，只是一个普通得不能再普通的皇子，没人对他寄予厚望，更没人指望他将来当皇帝。然而，一场天花却使他因祸得福，在顺治帝早逝之后，出人意料地被送上皇帝的宝座。

烽火快报

佟妃诞下龙子，皇帝态度冷淡
——来自紫禁城的喜报

公元1654年五月，紫禁城里传来喜讯，佟妃为十七岁的顺治皇帝诞下了一位龙子。算起来，这已经是皇帝的第三个儿子啦。

这本该是一件天大的喜事，可奇怪的是，紫禁城里并没有特别喜庆的气氛，皇帝本人对此也很冷淡，这是为什么呢？

原来，朝廷这时正在与南明（明朝灭亡后，由明朝宗室建立的小朝廷）打仗，大臣们又在拉帮结派，顺治帝每天忙得焦头烂额，哪里顾得上这个刚刚出生的小皇子？更何况，佟妃是汉人的女儿，在后宫也不大受宠，她所生的孩子自然就微不足道了。

那么，等待小皇子的命运将是什么呢？

根据宫里的规矩，嫔妃不得抚养自己的儿子。所以小皇子要么由比生母佟妃等级更高的嫔妃收养，要么被送出宫，由奶妈在宫外抚养长大。依照皇帝目前的态度，可想而知，后者将成为小皇子的归宿。

这位备受冷落的小皇子，命运将何去何从呢？请关注本报接下来的报道。

来自紫禁城的喜报！

百姓茶馆 BAIXING CHAGUAN

惊闻：三皇子出痘了

不好啦，不好啦，听说住在西华门外的那位三皇子出痘（即出天花，中医又将天花叫痘疮）了！

杂役小安

牛嫂

唉，这孩子也怪可怜的，一出生就被送出宫，长到两三岁，连亲生父母长什么样都不知道，如今又出了痘，怕是活不成了，真可怜啊！

牛嫂你别胡说八道，诅咒皇子可是大罪。不过话说回来，这人一出痘啊，可真是不好说，也许真活不成了。

王阿婆

铁匠老冬

是啊，这几年，这种痘疮瘟疫到处横行，一个人感染了，周围得死一大片。这出痘啊，还得看运气，运气好，治好了，就一辈子都不会再得了；运气差，治不好，啧啧，家里人就准备办后事吧。

嗨，我刚刚从西华门那边过来，听说那孩子的痘疮已经控制住了，应该是死不了。不过呢，这孩子的命虽然保住了，但脸上的痘坑只怕一辈子也去不掉。可怜啊，小小年纪就顶着一脸痘印，今后可怎么过哟！

闲人柳小三

皇帝的第一个儿子

公元1657年，紫禁城里又传来喜讯，董鄂妃为顺治诞下了龙子。与三皇子不同的是，消息一出，举国欢庆。顺治帝更是欣喜若狂，整天乐得跟朵喇叭花似的，又是大宴群臣，又是大赦天下，还说："这是朕的第一个儿子！"

这话说得有点怪，顺治之前明明已经有了三个儿子：钮钮、福全和前几年出生的三皇子（由于三皇子不受重视，所以皇帝迟迟没有给他取汉名），怎么说四皇子是他的第一子呢？敢情皇帝自个儿忘了他已经生了三个儿子了。

事实上，顺治帝的确是把前三个儿子给忽略了。为什么？因为他们的母亲都不受宠。

而四皇子就不同了，他的母亲是董鄂妃——皇帝最宠爱的女人，去年刚进宫就被封为贤妃，不到一个月又升为皇贵妃。在中国历史上，像董鄂妃升得这么快的人还真没几个，由此可见顺治帝对董鄂妃的一片痴心。要不是太后和大臣拦着，没准儿他就立董鄂妃为皇后了。

如今，董鄂妃又为顺治帝生下龙子，这可是他们爱情的结晶。顺治帝一高兴，就把之前的三个儿子抛到九霄云外去了，不仅将四皇子看做自己的第一个儿子，还到处跟人家说，将来要立四皇子为太子。

那么，这个嗷嗷待哺的小婴儿能否成为皇帝的接班人、大清王朝的第三任皇帝？本报记者将继续为您跟踪报道。

叱咤风云 CHIZHA FENGYUN

皇子们的理想

世事无常，集万千宠爱于一身的四皇子只活了一百零五天，就不幸夭折了，反倒是被人遗忘的三皇子，虽然出过天花，脸上留下一些痘印，但他却健健康康地长大了，而且强壮得像头小狮子。

在三皇子五岁的时候，一次，他戴着一顶红绒绣顶小帽，穿了一件绣了四条小团龙的衣裳，进宫去向皇帝和太后问安。顺治帝一看，哟，这孩子怎么生得这么乖巧、这么可爱呢？忍不住捏了捏他圆鼓鼓的小脸蛋。

叱咤风云

打这以后，三皇子便常常在奶妈的带领下出入皇宫，也总算在父皇心里占了一席之地。

有一次，三皇子和哥哥福全、弟弟常宁一同去向顺治帝请安。这时，福全七岁，三皇子六岁，常宁最小，才三岁。

顺治帝见到三个虎头虎脑的儿子，心情非常舒畅，逗他们说："你们长大了要干什么呀？"

常宁年纪太小，自然回答不上来。福全年纪最大，也最懂事，想了半天才小心翼翼地回答："我愿做一个贤王。"顺治帝笑着点点头，又问三皇子："那你呢？"

三皇子仰起小脑袋，脆生生地回答："我长大后，要像父皇一样治理国家，使天下太平，百姓安居乐业！"

一旁的奶妈听了，吓出一身冷汗：这孩子跟谁学的，这么大口气？完了，这要惹得龙颜大怒了。

谁料顺治帝听了这话，不但没有发火，还连连夸赞他："有志气，有志气。"

打这以后，顺治帝就更加留意这个志向远大的儿子了。三皇子在父亲心中的地位也噌噌直往上蹿。

这孩子跟谁学的，这么大口气。

鸿雁传书 HONGYAN CHUAN SHU

皇帝要寻死，怎么办？

穿穿老师：

　　您好，哀家是当今皇帝的亲生母亲。前几天，董鄂妃病死了，这孩子的身子本来就弱，生了个儿子又早夭，她受不住打击，整天闷闷不乐，结果憋出病来，把自己的命都搭上了。

　　董鄂妃一死，哀家就知道皇帝要闹。哀家原想，皇帝要闹就让他闹去吧，等过两天，宫里进了新人，他自然就安分了。可哀家万万没想到，皇帝对董鄂妃用情竟如此之深。董鄂妃死了，他觉得一个人活着没意思，竟然也起了寻死的念头。

　　他是皇帝，为一个妃子寻死觅活的，这像什么话！真是气死哀家了！生了这么没出息的儿子，将来哀家都不知道该怎么跟列祖列宗交代。穿穿老师，您能帮哀家出出主意吗？

　　　　　　　　　　　　　　　大清太后（史称孝庄太后）

太后：

　　您好，小民很理解您的焦急和无奈，同样也理解皇帝的悲痛和绝望。一般人失去挚爱，都无比痛苦，皇帝也是人，也不例外。

　　只可惜，他不是普通人，而是大清的皇帝。他肩负着沉甸甸的江山，身系万千百姓的福祉，怎能为了自己，置天下于不顾呢？而且，作为儿子，尤其是当父亲已不在世，又怎能抛下孤零零的老母不管呢？

　　不论是治理天下，还是奉养母亲，这都是皇帝不可推卸的责任，他必须承担起来。太后，我要说的就这么多，希望对您能有所帮助。

　　　　　　　　　　　　　　　　　　《穿越报》编辑

亡也天花，成也天花

公元1661年正月初六，紫禁城传来一个噩耗，皇帝驾崩了！

消息传出，举国哗然。要知道，顺治帝年方二十四岁，正是风华正茂的大好年纪，怎么这么年轻就去世了呢？

原来，自从董鄂妃病逝后，顺治帝因悲伤过度而失去了理智，每天在宫里闹腾不休，还吵着要出家做和尚，后来好不容易被劝住了，可身子经过几个月的折腾，变得虚弱不堪。很快，一场疾病将他击倒了。

据可靠消息，顺治帝得的不是别的病，正是天花，症状和几年前三皇子的症状一模一样！只不过，顺治帝没有三皇子那么幸运，病情不但没有好转，反而越来越重，眼看就快不行了。趁咽下最后一口气之前，顺治帝赶紧找来几个大臣，叫他们起草遗诏。而其中最重要的一件事，就是确立继承人。

由于皇子们年纪都太小了，难以继承大统，顺治帝就想从兄弟里选一个来继承皇位，可孝庄太后坚决不同意。因为亲王一旦做了皇帝，亲王的母亲就成了皇太后，到时候，孝庄这个太后又要往哪里摆？

在孝庄太后的坚持下，顺治帝只好答应改立皇子。顺治帝虽然年轻，儿子却生了不少，除了已经夭折的大皇子和四皇子外，还剩六个皇子，立哪一个好呢？

二皇子福全今年九岁，在皇子中年纪最大，也最懂事，母

亲又是满族人,按理说,他应该是最好的人选,可美中不足的是,二皇子瞎了一只眼睛。让一个"独眼龙"来做皇帝,好像不大合适。

三皇子比二皇子小一岁,不过机灵可爱、胸怀大志,只可惜母亲是汉族人。

剩下的几个小皇子,小的只有两岁,大的也才五岁,年纪这么小,哪能当皇帝?

那么,到底该怎么选呢?顺治和太后陷入了深深的苦恼之中。最后,他们决定去请教一个人,他就是西洋传教士汤若望。

汤若望虽然是洋人,但在宫中任职

叱咤风云

多年,学识渊博,对问题有自己的一套见解。很快,他就帮母子俩理清了头绪——立三皇子为太子。理由是:三皇子得过天花。

他说:"这位年纪小一点的皇子,很小就出过天花,以后不会再得这种病了。而那位年纪大一点的皇子,还没有出过天花,所以要时时提防这种病。"

这一番话,说到了被天花折腾得奄奄一息的顺治帝的心坎里。于是,众人达成一致意见:立三皇子为继承人。

由于遗诏要用满、蒙、汉三种文字颁布,而三皇子却一直没有汉名,因此顺治帝特地给他取了个汉名,叫爱新觉罗·玄烨。

新帝确立好了,可八岁的皇帝年纪终究还是太小了,得有人辅政才行。于是,顺治帝又任命了四位辅政大臣:索尼、苏克萨哈、遏(è)必隆和鳌(áo)拜。

安排好这一切,顺治帝便静静地躺在床上,准备去寻找他深爱的董鄂妃了。

嘻哈园 XIHA YUAN

WENHUA GUANGCHANG 文化广场

千锤百炼的八旗兵

说到大清朝，不少人又把它叫做"满清"，因为它是满族人建立的。而"八旗"是其社会生活军事组织形式。

满族在很早的时候叫做女真族，原是我国东北地区一个古老的民族。过去，女真族要出兵或者打猎时，就把大小寨子里的族人叫到一起，每个人出一支箭，每十支箭组成一个"牛录"（即小组），每个牛录设立一个额真（即组长）。耕田打猎、作战服役，都是以牛录为单位。

公元1601年，努尔哈赤（康熙的曾祖父）根据牛录制度，建立了黄、白、红、蓝四旗（由若干个牛录组成），分别打黄旗、白旗、红旗、蓝旗（后称为正黄旗、正白旗、正红旗、正蓝旗）。

公元1615年，努尔哈赤在原有的四旗之外，增加了镶黄、镶白、镶红、镶蓝四旗，旗帜也是在原来的旗帜上镶边，黄、白、蓝旗镶红边，红色旗镶白边（后称为满八旗）。

其中，镶黄、正黄和正白

旗是皇帝的亲兵,身份高贵,待遇优厚,被称为"上三旗",镶黄排第一,正黄排第二,正白排第三。其余五旗,被称为"下五旗"。

新的制度规定:每个牛录的人数增加到三百人,每五个牛录为一甲喇,每五甲喇为一旗。每个旗的最高统帅叫"旗主"。这就是最初的八旗制度。

皇太极(康熙的爷爷)继位后,为了扩充兵源,笼络人心,又增设了蒙古八旗和汉军八旗。满、蒙、汉各八旗共二十四旗,这就构成了完整的八旗制度,其核心是满洲八旗(满洲人自称为旗人,所穿的衣服叫"旗袍",现在的旗袍就是由此而来的)。

入关前,八旗制度有一个很大的特点,那就是每一个老百姓都是兵,每一个兵都是老百姓,平时耕田狩猎,战时披甲上阵,以弓强马壮、纪律严明著称。就是靠这样一支千锤百炼的子弟兵,大清入了关,实现了江山大一统的梦想。

入关后,八旗兵成了职业兵,大部分驻扎在北京附近,负责帝都的安全,并被称为驻京八旗。国家不仅管吃、管住、管穿,还管分房子、分土地,甚至分奴隶。北京,从此成了八旗子弟的天下。

名人有约

MINGREN YOU YUE

越越 大嘴记者

爱新觉罗·福临 特约嘉宾

嘉宾简介：顺治皇帝，大清王朝的第三位皇帝，也是清朝入关后的首位皇帝。他即位时年仅六岁，连汉文都不懂。但他每天刻苦学习汉族文化，大胆任用汉人降官，重视农业生产，让战乱后的中国很快恢复了元气，赢得了后人的称许。

越越：您好，大哥。想不到您这么年轻，叫您大哥您不会介意吧。

顺治：（微弱的）没关系。记者小弟，我已经染上天花，病入膏肓（huāng）了，你和我距离这么近，不怕被传染吗？

越越：为了得到独家采访，我也是不得已啊！

顺治：唉，是啊，人人都有不得已的事。像朕，身为一国之君，却连自己心爱的董鄂妃都保不住，朕对不住她啊……

越越：皇上不要那么低落呀，您还这么年轻，只有二十四岁，后宫中那么多美女，任您挑啊！

顺治：（流泪）我的爱妃不但国色天香，而且温柔多情、善解人意，我有什么烦恼都可以跟她说，谁能比得上她呢？只可惜，她到死都只是一个妃子呀……

越越：那您就追封她一个皇后的称号呀！

顺治：（拍床而起）对！就这么办！来人呀！（向太监交代追封董鄂妃的事宜）就定"孝献庄和至德宣仁温惠端敬皇后"吧！把能够用上的赞美词全部用上。你知道的，谥号越长越风光。可怜爱妃已经离我而去了呀（抹泪）……

越越：您不要那么伤心嘛，有这个力气，还不如去佛前念念经，平复一下心情。

顺治：（恍然大悟）你出的点子不赖嘛，就这么办了！朕要去五台山念念经……

越越：我只是随便说说啊，您去念经了，那天下百姓怎么办？

顺治：我对不起天下百姓，我要检讨啊。我本来没什么太高的德行，却继承了祖宗大业，可又没治理好国家，造福于百姓，这是第一条罪；父亲去世时，我当时年幼，未尽孝道，现在又要先于母后离去，给母后带去痛苦，这是第二条罪；我偏向汉族官员，疏远满洲官员，这是第三条罪；爱妃去世时，我为她举办的葬礼比皇帝的葬礼还要隆重，花费过多，这是第四条罪……（一口气给自己总结了十八条罪）

越越：皇上您也别过于自责，自古道，人非圣贤，孰能无过……

顺治：（听不进去）不行，光念经还不行，朕要到五台山去，好好地面对佛祖忏悔。（一拍大腿）就这么定了！来人，朕要出家！

（一太监吓坏了："不可以呀！本朝皇帝没有一个出家当和尚的……"）

越越：这下完了！皇宫得乱成一团啦，赶紧溜吧！

（不久后，皇宫传来消息，顺治帝由于身染重病，驾崩了。不过民间却有传言说，顺治帝其实并没有死，而是到五台山当和尚了。不过，由于没有人亲眼看见，所以传言是真是假，还是一个谜。）

广告铺

告京城百姓

告京城百姓：如今皇帝病重，为了替他祈福，从今天起，京城百姓一律不许炒豆子，不许点灯，不许往外泼水，直到皇帝康复为止。如有违反者，一经发现，必当严惩！

大清礼部

国姓爷收复台湾啦

我们的宝岛台湾被荷兰人侵占了三十八年，现在终于被我们国姓爷郑成功收回了！荷兰人已经在投降书上签了字。从现在开始，台湾又是我们大明的天下了。若是你一直不满大清统治，若是你还一直想念明朝，那就赶快来台湾吧！台湾人民欢迎你！

台湾明郑朝廷

赐太监、宫女为董鄂妃殉葬

董鄂妃芳年早逝，朕十分悲痛，更担心她一个人在那边没人照顾，因此特赐三十名太监、宫女为她陪葬，去那里好好伺候她。

顺治帝

第 2 期
公元1661年—公元1667年

鳌拜专权

康熙大帝

穿越报
CHUANYUE BAO

【烽火快报】
- 八岁小皇帝登基

【叱咤风云】
- 大清帝国的四条腿
- 由"换地"引发的血案
- 小皇帝亲政，苏克萨哈惨死

【名人有约】
- 特约嘉宾：孝庄太皇太后

【广告铺】
- 禁海令
- 大赦令
- 请往本府议事
- 皇帝大婚，普天同庆

穿越必读 CHUANYUE BIDU

康熙帝即位时，还只是一个八岁的小孩子。由于年纪太小，四位辅政大臣并不把他放在眼里。尤其是鳌拜，虽然居于四位辅臣的末位，但他却野心勃勃、蛮横骄纵，且擅用职权、铲除异己、枉杀大臣，逐渐走上了专权的道路。

FENGHUO KUAIBAO 烽火快报

八岁小皇帝登基
——来自紫禁城的加急快报

公元1661年正月初九，八岁的三皇子玄烨正式登基了（史称康熙帝）。

登基那天，小玄烨像大人一样端坐在龙椅上，文武百官身穿朝服，齐刷刷地在下面站成两排。突然，殿内钟鼓齐鸣，文武百官齐刷刷地朝这个八岁的小皇帝下跪，口呼"万岁"，那场面真是壮观极了。

这一天，离顺治帝驾崩仅仅才过去两天。孝庄太后为什么这么急着让小孙子登基呢？

这是因为，一个国家政权交替之际是最容易产生动乱的时刻。先帝一驾崩，不知多少人对皇位虎视眈眈，为了稳固政权，不给坏人作乱的机会，孝庄太后才匆匆忙忙地把小孙子扶上了皇位。

沉甸甸的江山，就这样落到了一个八岁小孩的身上。玄烨能不负众望，成为一个百姓爱戴的好皇帝吗？本报将继续为您跟踪报道。

来自紫禁城的加急快报！

大清帝国的四条腿

自古以来，若登基的是小皇帝，背后专权的不是皇太后、外戚、太监，就是宰相、亲王。

顺治帝登基的时候，比康熙帝还小，只有六岁，总揽朝政大权的就是亲王多尔衮，一切大事他说了算，小顺治不但插不上手，还时时刻刻担心被篡了位。

有了前车之鉴，这一次，孝庄太后没有选择亲王，而是选择了四位大臣来辅佐。这四位大臣分别是索尼、苏克萨哈、遏必隆和鳌拜。

这四人当中，为首的索尼是三朝元老，威望最高，势力也最大，就连诸位亲王贝勒也怕他几分；排名第二的苏克萨哈，有点才干，但人缘一般，跟其他三位相处得不太好；排名第三的遏必隆，做事圆滑，墙头草，谁也不得罪；而身为小四的鳌拜呢，势力最小，可他脾气暴躁、做事果断，被人称为"满洲第一勇士"。

叱咤风云

　　这四个人有一个最大的共同点，那就是他们都来自八旗（详情见上期"文化广场"）中的"上三旗"（指镶黄旗，正黄旗，正白旗），索尼隶属于正黄旗，苏克萨哈属于正白旗，遏必隆和鳌拜属于镶黄旗，身份高贵。

　　除此之外，他们还有几个共同的特点：都是立下过汗马功劳的异姓王，都是皇亲国戚，都对大清忠心耿耿。因此，孝庄太后非常满意。

　　在孝庄太后的监督下，四位大臣齐心合力，就像桌子的四条腿，共同支撑起了大清朝还未牢固的江山。

鸿雁传书 HONGYAN CHUAN SHU

好朋友被杀了，我该为他们报仇吗？

穿穿老师：

您好！最近我的心情相当郁闷。我有四个贴身侍卫，他们平时和我关系很好，就像好朋友一样。

可是鳌拜那厮前些天突然下令，说他们在御花园里，骑了朕的马，用了朕的弓，射了朕的鹿，犯了大不敬的罪，将他们全都从皇宫里抓走了！更可气的是，他居然连个招呼也不跟朕打，就把他们全都杀了！

朕现在憋了一肚子火，真想把鳌拜给斩了！可是太皇太后却告诉朕不能轻举妄动，为什么呢？不是说皇帝的话就是圣旨吗，谁都要听的吗？

玄烨

皇上：

您好，请息怒。说起来，鳌拜因骁勇善战、军功卓著，坐到现在这个位置，就连索尼也忌惮他三分。再加上遏必隆是个无能之辈，苏克萨哈也不是他的对手，所以鳌拜已经渐渐把大权抓在自己手中了。

而您这四个侍卫以为有您撑腰，对他极不恭敬。因此，他早就想找个机会，除掉他们了。

现在这个事，您不能管，您也管不了。为什么？第一，根据先帝的遗诏，您现在还不能亲政，朝中大事许多都要靠他们；第二，现在宫中的侍卫基本上是他们的心腹，许多大臣也都是他们的人。一旦打草惊蛇，后果不堪设想。

一句话，现在除掉他，还不到时候！您暂且还是养精蓄锐吧。相信总有一天，您能为他们报仇！

《穿越报》编辑 穿穿

由"换地"引发的血案

侍卫事件之后,鳌拜以为皇帝和太皇太后软弱可欺,更加不把他们放在眼里,也不把其他三个辅政大臣放在眼里。

他第一个针对的对象就是苏克萨哈。苏克萨哈原本依附多尔衮,多尔衮死后,他立刻站出来告发,这才获得顺治帝信任。所以,军功卓著的鳌拜对他很不服气,将他视为第一竞争对手,并且第一个向他发起了挑战。

公元1666年正月,鳌拜指使部下向户部上书,请求将黄、白二旗的地调换。

好端端的,换什么地呢?

原来,八旗军刚入关时,一寸关内土地都没有。为了给旗民分地,全国举行了几场大规模的圈地运动,具体方法是:在规定的时间里,让一个人骑马飞奔,凡是马踏过的土地,就用三角小旗做个记号,最后圈起来的土地,就归那人所有。

睿亲王多尔衮仗着自己的权势,将本该分给镶黄旗

叱咤风云 CHIZHA FENGYUN

的肥沃土地，分给了自己的正白旗，而把本该给正白旗的较差的土地，分给了镶黄旗，当时引起镶黄旗很多人的不满。

到嘴的肥肉被抢走了，镶黄旗的人十分不满。但当时多尔衮在一人之下，万人之上，即使有意见，他们也无可奈何。

这事已经过去二十多年了，现在许多人都已经忘了，鳌拜却又把这个旧账翻了出来——要求重新调换土地！

不过，鳌拜的"调换"不是"互换"，他打的如意算盘是——让正白旗的人滚出现在的领地，搬到新的土地上去。

这不摆明了是欺负人嘛！户部尚书苏纳海（属满洲正白旗）看到上诉，很气愤，立即向皇帝告了一状，说不同意换地，理由很简单：圈地运动已经过去二十多年了，旗民们大多都安居乐业，不愿再搬来搬去，别说正白旗人，就是镶黄旗人，也有很多人不愿离开自己的土地。

CHIZHA FENGYUN 叱咤风云

紧接着，直隶总督朱昌祚（属汉军镶白旗）和巡抚王登联（属汉军镶红旗）也上书反对换地，并列举了种种弊端。

见这三个官员不怕死，堂而皇之地和自己作对，鳌拜怒了：反对的人，统统杀掉！于是鳌拜跟小皇帝连招呼都没打，就把这三个人丢进了监狱。

康熙帝虽然年幼，也知道这三个人是被冤枉的，马上召集四位辅政大臣来，问他们意见。

索尼和遏必隆是两黄旗的代表，当然附和鳌拜了。索尼不说话，相当于投了赞成票。苏克萨哈知道这三人实际上针对的是自己，所以干脆不说话、不表态。

看到这局面，小康熙知道再讨论，也讨论不出什么结果，索性做了回主，叫人将那三个官员各打一百鞭，没收了他们的家产，算是惩罚。

这下鳌拜不干了，觉得皇帝罚得太轻了，于是干脆自己拟旨，将那三个人绞死了，并强行换了地。

百姓茶馆 BAIXING CHAGUAN

鳌拜的气焰太嚣张

这个鳌拜，气焰未免也太嚣张了吧。听说他擅自拟旨也不是一次两次了，仗着自己是辅政大臣，想杀谁就杀谁，他眼里到底还有没有皇帝啊？

书生小屠

这还用问吗？当然没有。我听说他时常在朝堂上大呼小叫，完全不把皇帝放在眼里。据说有一次去向皇上恭贺新年的时候，鳌拜居然穿着一件黄袍就去了（编者注：古代黄色为皇帝专用的颜色），鳌拜这是想当皇帝吗？怎么就没人管管他？

猎户阿郎

谁管啊？索尼？他年老多病，想管也管不了。不但管不了，不被挤兑就不错了。名义上是首辅，但每次朝见皇帝的时候，都是以鳌拜为首，他还得排在后面呢。至于那个遏必隆，早就被鳌拜收买了。就靠一个苏克萨哈？我听说鳌拜正想着怎么整死他呢！

渔夫赵四

你们也别太担心，小皇帝快满十四岁了，当年先帝就是十四岁亲政的，咱们的小皇帝也快亲政了。到时候，皇帝把权力统统收回来，看鳌拜还怎么嚣张！

某小吏

话虽这么说，可如今朝堂上下，全都安插着鳌拜的人，小皇帝就算亲政，只怕短时间内也斗不过鳌拜呀。

差役小唐

叱咤风云

小皇帝亲政，苏克萨哈惨死

公元1667年年初，索尼因病去世了。虽然索尼一直对鳌拜专权视而不见，但他临死前，却做了件大好事，那就是奏请皇帝亲政。

这一年，康熙刚好十四岁，深受鳌拜压迫的他，早就迫不及待想要亲政了。于是，七月初七这天，在满朝文武大臣的恭贺下，小康熙身披龙袍，头戴皇冠，在太和殿举行了隆重的亲政大典。

皇帝亲政了，自己又斗不过鳌拜，苏克萨哈在这个时候，做了一件让人跌破眼镜的事——他认为，既然皇帝已经亲政，辅政大臣也就可以光荣退休了，所以请求解除自己辅政大臣的身份，自愿去给顺治帝守陵墓。这样一来，鳌拜和遏必隆也势必会被拉下水。

这一招也太狠了！

鳌拜大权在手，哪里肯就这样白白丢掉。为

叱咤风云 CHIZHA FENGYUN

了保住地位和权势,他决定干掉苏克萨哈!

于是鳌拜气势汹汹,诬告苏克萨哈是因为不满皇帝亲政,才拿辞职来要挟。之后又把各种鸡毛蒜皮的小事加起来,一共给苏克萨哈罗列了二十四桩罪,要求皇帝立刻将他革职,凌迟处死。还有,苏克萨哈的大儿子查克旦对父亲的恶行不加劝阻,同样要革职,凌迟处死。其他的儿子、侄子,统统砍头。财产没收,妻女都充当奴隶。

见鳌拜搞出这么大阵仗,小康熙吓了一跳:不就是辞个职么,鳌拜你至于把人家斩尽杀绝吗?于是没有批准。

鳌拜再奏,康熙帝依然不批。再奏,还是不批。

鳌拜气得在皇宫挥舞手臂,大喊大叫,嚷嚷着一定要把苏克萨哈杀掉!那架势像是要把康熙帝揍一顿似的。一连七天,天天如此。

最后,鳌拜不耐烦了,再次假拟圣旨,把苏克萨哈抓起来杀掉了。苏克萨哈的四个儿子和十二个孙子没一个逃脱,妻女也都沦为奴隶。这时,康熙亲政才十多天。

索尼去世了,苏克萨哈也死了,一年间,大清帝国的"四条腿"就断了两条。可怜的小皇帝就像一个任人摆布的小木偶,虽然每天都坐在龙椅上,但实际上鳌拜才是真正掌权的人。这一次,鳌拜又赢了。

嘻哈园

名人有约 MINGREN YOU YUE

 越越 大嘴记者

孝庄太皇太后 特约嘉宾

嘉宾简介： 孝庄太后，又称大玉儿，蒙古科尔沁部人。她不仅仅是大清朝的皇太后，更是一位杰出的女政治家。她曾辅佐儿子福临（即顺治帝）治理江山，如今又要辅佐孙子玄烨。一人辅佐两代皇帝，可见是位多么了不起的女人。

越越： 给太皇太后请安！终于见到您啦！好开心！

孝庄： （微笑）哦？有那么开心？

越越： （用力点头）是啊，听说您貌似天仙、谋胜诸葛，还与大帅哥多尔衮有好多故事……

孝庄： 不说这个了，你不是有事问哀家吗？

越越： 哎呀，差点忘了正事。听说前不久安徽有个叫周南的秀才，千里迢迢赶到北京来，请求您垂帘听政，可最后被您严词拒绝了，为什么呀？

孝庄： 我朝早有规定，后妃不得临朝干政。而且哀家是蒙古人，满汉大臣一直斗个不停，要是再拉蒙古人进来，那朝中岂不是永无宁日了吗？目前最紧要的还是"稳定压倒一切"。哀家在幕后培养玄烨也是一样的。

越越： 太皇太后英明。太皇太后，我有个问题，为什么四位辅政大臣都是满人，没一个汉人呢？

孝庄： 你这傻孩子，我们满人好不容易打进关内，夺了汉人的江山，要是再任用汉人辅政，那不是又把江山还给汉人了吗？

越越： 噢，果然还是太皇太后想得周到。可是凡事有利有弊，现在他们四个闹得这么凶，您怎么不调解一下呢？

孝庄： 怎么调解？他们没有一个是吃素的。唉，哀家老了，

MINGREN YOU YUE 名人有约

也不得清静。

越越：都是我不对，惹得您不开心了。那我们说些开心的事吧！

孝庄：开心的事倒是有一件，哀家给玄烨娶了个好皇后，就是索尼那知书识礼的孙女赫舍里氏。

越越：我记得当时苏克萨哈以女方年龄不合适为由，表示反对，搞得索尼也不待见他。

孝庄：他反对是正常的，谁不想跟皇后这个位置沾点边呢？当时候选人还有鳌拜和遏必隆的女儿。鳌拜专权，他的女儿我第一个就排除了。遏必隆是墙头草，他的女儿当皇后也不合适。思虑再三，还是索尼的孙女最合适。

越越：难为太皇太后考虑这么周全。

孝庄：（欣慰地）玄烨八岁丧父，十岁丧母，我不替他考虑谁替他考虑呢？好在他们现在夫妻恩爱，后宫也被赫舍氏治理得井井有条，也不枉费哀家这一番苦心了。

越越：那还有什么开心的事吗？

孝庄：一入宫门深似海，开心的事不多啊！能让我开心的就是玄烨这孩子了，这孩子特省心，就拿读书来说吧，每天五点钟就起来读书了，从来不用我操心。每天除了学习满文、蒙文，还有汉文，像《三字经》《百家姓》《千字文》，还有《大学》《中庸》《论语》《孟子》，每字每句他都要背下来，从不自欺欺人。他还给自己规定，每一篇文章都要朗读一百二十遍，背诵一百二十遍；每天至少要写一千多个毛笔字。

越越：真的假的，不是做样子吧?

孝庄：他是真心想学习古代帝王的治国之道，这样长大后才好治理国家。

越越：那归根结底，还是太后教导有方啊！

孝庄：你还真是会哄哀家。好了，哀家今儿有点乏了，看你聪明伶俐，待会儿跟小邓子领赏去吧。

越越：（眉开眼笑）谢太皇太后！恭送太皇太后！

广告铺

禁海令

为防止内地民众与郑成功的抗清势力联系,现在实行海禁,原江南、浙江、福建和广东沿海的所有居民,向内迁徙五十里,原房屋、船只全部烧毁,不得私自出海。希望各地区配合朝廷,积极做好各项安抚工作。

辅政大臣鳌拜

大赦令

为了庆贺皇帝亲政,现大赦天下,希望放出去的犯人们能够改过自新、重新做人,不辜负皇帝的一片恩泽。

大清刑部

请往本府议事

连日来天气不太好,本人身体也有点不舒服。由于以上原因,本人决定,凡有重大事情,请到本人府中商议解决,暂时不必惊动圣驾。特此通知。

鳌拜

皇帝大婚,普天同庆

根据我们大清的规定,皇帝必须成亲之后,才能亲政。现在天下安定、国家昌盛,皇帝也已年满十二岁,经与太皇太后多次商议之后,决定于一个月之后,挑个黄辰吉日,为皇上完婚。皇后为当朝重臣索尼的孙女赫舍氏,届时将大赦天下,普天同庆!

大清礼部

穿越报
CHUANYUE BAO

第 3 期
公元1667年—公元1669年

智斗鳌拜

康熙

【烽火快报】
- 皇上爱上了布库戏

【叱咤风云】
- 康熙施计擒鳌拜

【名人有约】
- 特约嘉宾：鳌拜

【广告铺】
- 太学开课通知
- 关于男女着装问题
- 洋人招助手啦

【智者为王】
- 第1关

穿越必读 CHUANYUE BIDU

鳌拜的专权，让皇权受到了严重的威胁。面对这种局面，少年康熙忧心忡忡，他会采取什么样的行动呢？他能顺利除掉鳌拜、把国家大权收回自己手中吗？敬请关注本报记者为您带来的精彩报道。

烽火快报 FENGHUO KUAIBAO

皇帝爱上了布库戏
——来自紫禁城的加急快报

近日，康熙帝招募了一批少年侍卫，整天陪他玩一种名为"布库"的游戏。这则消息，很快在皇宫内外传开了。

"布库"是满语，翻译成汉语就是摔跤的意思。好好的一个皇帝，不去上朝办公，整天和别人玩摔跤，未免也太不务正业了吧。

鳌拜觉得这事有点儿蹊跷，决定亲自去看个究竟。自从杀了苏克萨哈之后，鳌拜一直说自己有病不去上朝。康熙呢，不但没怪他，反而亲自登门探望。

这次，鳌拜打着奏事的旗号，来到皇宫里，结果，康熙正和几个布库少年玩得不亦乐乎。后来，鳌拜又去了几次，结果每次康熙都在玩布库戏。

这样一来，鳌拜就放心了，心想，这康熙果然还是个毛头小子，整天沉迷于嬉戏，看来我之前的担心都是多余的啊！于是对康熙放松了警惕。

从这以后，鳌拜更加嚣张了，而那些大臣们则都唉声叹气，摊上这么个爱玩儿的小皇帝，这国家以后该怎么办啊！

那么，康熙帝是真的沉迷于游戏，把国家大事抛到一边了吗？他内心到底在想些什么呢？

来自紫禁城的加急快报！

康熙施计擒鳌拜

其实,康熙帝又怎么可能真的沉迷于布库戏呢?说白了,这一切都是康熙帝在演戏,目的是为了麻痹鳌拜,再趁他松懈之时,给他来个出其不意、一招制敌。哎呀,康熙帝如果不做皇帝,一定会是一个好演员啊!

鳌拜呢,则结结实实地上了康熙帝的当,以为康熙帝不敢对他怎么样,从此大摇大摆地出入皇宫,不但以首席大臣自居,还将大臣们召集到自己家中开会。而这一切康熙帝都看在眼里。

一晃两年过去了,康熙帝眼看擒拿鳌拜的时机成熟了,便不动声色地进行着一系列部署:他先是把鳌拜的亲信都派往外地,削弱他的势力,又安排自己的亲信驻守京城,加强对京城的控制。

做好这一切准备工作后,公元1669年五月十六日,十六岁的康熙帝把侍卫们召集起来,问他们:"你们是我的左膀右臂,你们是怕鳌拜呢,还是怕我呢?"

侍卫们齐声答道:"我们只怕皇上!"

听到大家的回答,康熙帝高兴地点了点头,

叱咤风云 CHIZHA FENGYUN

宣鳌拜入朝见驾。鳌拜也没有多想,依然像往常一样,大摇大摆地进了宫。

鳌拜一直是带着武器上朝的,可是这一次,当他走到宫门口时,索尼的儿子、一等侍卫索额图对他说:"鳌大人,皇上都亲政两年了,您还带武器上朝,这不合规矩呀!"

鳌拜一时无言反驳,也没想到康熙帝会先发制人,就满不在乎地把武器交给了索额图。

鳌拜见康熙帝时,也不下跪,只是躬了躬身,像往常一样大声嚷嚷:"皇上召臣有何事?"

康熙帝见鳌拜那副飞扬跋扈的样子,气得胸口发闷,一拍御案,道:"鳌拜,你可知罪!"

鳌拜一愣,随即瞪大眼睛反问道:"臣何罪之有?"

康熙帝见鳌拜还嘴硬,气愤道:"自朕即位以来,你结党营私、陷害忠良、把持朝政、图谋不轨,这还不是大罪吗?左右给朕拿下!"

话音刚落,身边的侍卫们立刻一拥而上,和鳌拜扭打在

CHIZHA FENGYUN 叱咤风云

一起。

鳌拜虽然被誉为"满洲第一勇士",可双拳难敌四掌,恶虎斗不过群狼。更何况,这些侍卫们每天练布库戏,全都是擒拿好手,不一会儿工夫,便把鳌拜摔翻在地,用绳索将他捆了起来。

一代权臣鳌拜,就这样被康熙帝抓住了。

紧接着,康熙帝命人对鳌拜进行审讯,宣布了鳌拜的三十条罪状,要罢了他的官,处以死刑。

一听要被处死,鳌拜急了,扒开自己的衣服,大叫道:"皇上,您仔细看看,这些伤疤都是我为大清打天下时留下的!"

看着鳌拜身上的累累伤痕,康熙帝心里一阵感慨,最后决定将鳌拜的死刑改为终身囚禁。

BAIXING CHAGUAN 百姓茶馆

鳌拜到底敢不敢造反？

奇怪，鳌拜身为一代权臣，一人之下，万人之上，怎么这么轻易就被康熙帝给收拾了呢？另外，鳌拜不是有很多党羽嘛，他们怎么不来营救鳌拜呢？

米店小二

药店掌柜

这只能说明，鳌拜虽然专权，却没真的造反。在他看来，爱新觉罗氏才是大清王朝的主子，鳌拜权力再大，也是异姓臣子，按照满洲传统，他们也仅仅是皇家的奴才罢了。

是啊，鳌拜可能比其他很多大臣都要忠心。当年鳌拜为了保顺治登基，可是冒着掉脑袋的危险与多尔衮对抗啊！更何况，假如鳌拜要造反，他不光要背上大逆不道的罪名，整个满洲八旗也会集体反对他的。他会这么傻吗？

某侍卫

某监狱长

也许正是因为这样，皇上最后才没有对鳌拜赶尽杀绝，不但免了他的死罪，还免了他儿子的死罪。

虽然幸免一死，但他平时过惯了锦衣玉食的生活，监狱里的这种苦日子他哪里熬得住呢？我看，他能活的日子也不多了。

曾经的犯人

鸿雁传书 HONGYAN CHUAN SHU

遏必隆的忏悔书

穿穿老师：

　　你好，我是遏必隆。在鳌拜被抓以后，我和一干相关人员也落网了。议政王大臣经过审讯，给我列了二十一条罪状，提出应将我革职处死，妻儿去充当奴隶。

　　对于这样的判决，我无话可说，本打算闭着眼睛等死，可我万万没想到，皇上大笔一挥，竟然免了我的死罪！只削去我太师的职务，剥夺了我的爵位，真是皇恩浩荡啊！

　　听说在这个案件里，只有罪行严重的人被杀掉了，罪行不严重的人，都被皇上免除了死罪。

　　想不到，一个十六岁的少年天子能有这样的胸怀，真可谓是仁爱之君啊。唉，要怪就只能怪我当初瞎了眼，选择投靠鳌拜，而没能及早慧眼识珠，弃暗投明。

遏必隆

遏必隆大人：

　　您好。您说的没错，当今圣上不但英明果敢，而且宽厚仁爱，假以时日，必定会成为一代千古流芳的明君。

　　不过呢，您也不必太过懊悔。留得青山在，不愁没柴烧。只要保住性命，就有无限可能。说不定等过几年，皇上体恤老臣，想到了您过去的功劳，又重新启用您呢。所以呢，您现在要做的是每天吃好、喝好，让自己开心一点，别在皇上开恩之前死掉就好了。

《穿越报》编辑 穿穿

【果然，一年之后，康熙帝念在遏必隆曾是顾命大臣，又是功臣之子的份上，重新启用了他。】

名人有约

MINGREN YOU YUE

越越 大嘴记者

鳌拜 特约嘉宾

嘉宾简介： 他英勇善战、刚猛无畏，曾被皇太极授予"巴图鲁"（勇士）的称号。但辅政以来，他把持朝政，作恶多端。身为三朝元老，他的一生有功也有过，可说是大起大落、大喜大悲的一生。

越越：（抹了一把汗）鳌大人您好！终于见到您了，不容易啊！

鳌拜：老夫如今已沦为阶下囚，有什么好采访的？

越越：话不能这么说，您现在被囚禁在畅春园，外面看守的侍卫里三层外三层，好多记者挤破了脑袋都进不来，我可是想了好多办法才挤进来的。

鳌拜：（不耐烦）行了，别废话了！有什么想问的，快点问完滚出去，老夫最近心情不好。

越越：好凶啊……（小声嘀咕）鳌大人您现在后悔吗？

鳌拜：（眼睛一瞪）后悔？后悔什么？我只后悔没早防着那个皇帝小儿，最后让他那几个小毛孩把我撂倒了！

越越：那您事先没有察觉到皇上的计划吗？

鳌拜：有倒是有一点。皇上当时把索尼的儿子索额图突然召回宫当侍卫，我就觉得不正常。但我是这么想的，皇上如果想抓我，在朝堂之上当众宣布我的罪状，不是更正式、更体面吗？我根本没想到，他会对我来这一招！

越越：这可能是因为他对能不能抓你没有自信吧，毕竟他还不够成熟。

鳌拜：就这点把我给蒙骗了，唉，把我满洲第一勇士的英名给毁了！

越越：咱们也别纠结这个事了。

名人有约 MINGREN YOU YUE

鳌大人您应该反省一下自己为什么会被抓？

鳌拜：是啊，为什么要抓我？我对大清忠心耿耿，天地可见！为什么要抓我！

越越：事到如今，您还不知道自己错在哪里吗？您之前那么对待皇上，是想造反吗？

鳌拜：冤枉，真是冤枉啊！我承认我看他年纪小，替他揽的事多了些，可我并没有什么犯上作乱的想法啊！

越越：哦？那皇上亲政后，您为何迟迟不辞掉自己辅政大臣的职务呢？

鳌拜：唉，这不是因为太皇太后一再地挽留我们吗？当年先皇十四岁亲政，结果和太皇太后闹得十分不愉快。太皇太后担心皇上也会出现这种情况，所以就让我们再辅佐一两年啊！

越越：噢，可是一两年之后，您还是没有归政啊。

鳌拜：关键是太皇太后也没有催我啊！

越越：哦，这事还跟太皇太后有关？那您的意思是，抓您这件事是皇上瞒着太皇太后做的了？

鳌拜：应该是。我们这几个人是太皇太后亲自为皇上选的，否定了我，不就相当于否定了她自己吗？

越越：哦，怪不得小皇帝抓了您之后，四五天了都没有向大臣们宣布，成天坐立不安的，原来是怕和太皇太后闹僵啊！

鳌拜：但既然他已经这么做了，太皇太后也不好说什么了。

越越：原来您后面还有一个这么强硬的后台啊！那看来大人有希望得到从宽处理了。

鳌拜：唉，希望如此啊！只要皇上知道我忠心就行，以后这就是他的天下啦！

广告铺

太学开课通知

太学（编者注：太学即古代国立大学）即将开课啦！本学期我们主要学习孔子的思想和理论，另外，学校还增加了《周易》《尚书》等课程，并请到了著名学者刘如汉来给我们授课，请各位学生按时上课，无重大事由者，不准请假。

大清太学

关于男女着装问题

关于男女着装问题，本部再强调一遍：无论满汉男子，一律要穿满服，梳辫子；女子的着装可以适当放宽要求，各位夫人小姐愿意穿满服就穿满服，实在穿不惯的，穿汉服也可以。

大清礼部

洋人招助手啦

本人南怀仁，耶稣会传教士，现在朝中任钦天监监副，主要负责编制历法，由于任务繁重，现紧急招聘助手。要求精通天文地理知识，熟悉各项天文仪器构造，并懂实际操作，年龄不限，男女不限，有相关经验者，优先考虑，有意者请来京面试。

南怀仁

（编者注：南怀仁为康熙的第一任西学老师，比利时传教士。）

智者为王 ZHIZHE WEI WANG

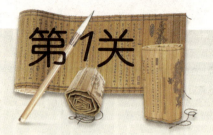

智者无敌 王者为大

第1关

1. 玄烨的全名叫什么？他是哪一年出生的？
2. 玄烨年幼时得过什么病？
3. 顺治帝因为谁想寻死？
4. 玄烨是因为什么原因而被立为太子？
5. 清朝八旗是由谁创立的？
6. 清朝八旗中身份最高贵的是哪几个旗？
7. 台湾在哪一年被郑成功收复？
8. 康熙帝即位的时候是几岁？
9. 辅佐康熙帝的四位大臣分别是谁？
10. 清军入关后，是用什么方法给旗人分地的？
11. 四位辅政大臣中，谁跟谁的关系最僵？
12. 康熙帝的皇后是谁？她跟辅政大臣索尼是什么关系？
13. "布库"是什么意思？
14. 谁是满洲第一勇士？
15. 康熙的第一任西学老师是谁？他是哪国人，是什么身份？

穿越报
CHUANYUE BAO

第4期 公元1669年—公元1714年

以农为本

康熙卷

【烽火快报】
- 圈地令要废除了

【叱咤风云】
- 皇帝鼓励大伙儿多垦荒
- 皇帝要改行做农夫？
- 御稻米：皇帝亲自培育的水稻品种

【文化广场】
- 《耕织图》——农耕的艺术

【名人有约】
- 特约嘉宾：爱新觉罗·玄烨

【广告铺】
- 严禁再建寺庙
- 防治蝗灾的通知
- 盛世滋丁，永不加赋

穿越必读 CHUANYUE BIDU

俗话说，国以民为本，民以食为天。刚亲政的康熙帝深深明白这个道理，他非常重视农业生产，鼓励百姓垦荒，亲自培育稻种，且轻徭薄役，减轻百姓负担。不久后，国家的耕地和人口急剧增加，呈现出一派欣欣向荣的景象。

烽火快报 FENGHUO KUAIBAO

圈地令要废除了
——来自京城的加急快报

> 来自京城的加急快报！

公元1669年，京城传来一个特大喜讯：朝廷要废除圈地令了！

我们的少年皇帝还说，现在满汉军民没什么区别，这些年来，满人占据了大量土地，导致很多农民没有土地，现在是时候还给他们了。

消息一出，全国农民都奔走相告，喜极而泣。要知道，土地一直是农民的命根子，但这些年来，由于不断地发生战争，老百姓被迫流离失所，许多土地都被满洲贵族圈占了，这一圈就是二十多年。农民们没有土地，也就没有了生存的土壤，早就苦不堪言，憋了一肚子火了。据本报记者观察，若朝廷再不采取措施，恐怕一场大战又要爆发了！

可以说，这个消息就像及时雨一样，浇灭了农民们心中的怒火。有了土地，大家就再也不用担心没饭吃了！农民们的春天就要来了！

皇帝鼓励大伙儿多垦荒

皇帝废除了圈地令，这个举动无疑在向大家发出一个信号，这个以牧渔为生的女真朝廷开始重视农业生产了。

而现在的问题是，要搞好农业生产，离不开田地。可是，放眼望去，广袤的中华大地上，尽是杂草丛生的荒田，能耕种的田地少之又少，因为这些年来中华大地上一直战乱不断，很多老百姓都背井离乡，四处逃难去了。时间一长，田地没人耕种，就变成了荒田。因此当务之急，是想办法让老百姓多垦荒！

可老百姓也不傻，没一点好处，谁愿意辛辛苦苦去垦荒呀？

其实，康熙帝即位的时候，朝廷就制定了一系列奖励垦荒的政策。

首先，将藩田送给百姓耕种。藩田，就是原明朝藩王的庄田。明朝末期，很多藩王不是逃跑了，就是死了，留下大量田地没人耕种。清朝入关后，宣布藩田归国家所有。百姓可以在上面耕种，但每年要交双倍的钱粮——除了按民田缴纳赋税外，还要交藩田的租金。

百姓辛辛苦苦，一年忙到头，好不容易得了一点收成，结果都交给国家了。因此，大伙儿都不愿意开垦藩田，就是那些已经开垦了的田地，又被荒置了。

这可怎么办好？看到这种情况，康熙帝急忙下令：把藩田无条件地送给百姓！

这样一来，百姓们都乐坏了，白送的田地，谁不要呀？于是一个个扛起耕犁，牵起老牛，铆足劲垦荒去了。

除了藩田，还有一些民田也在战乱中荒芜了。这些民田的主人大多是地主，一个个好吃懒做，宁肯任土地荒芜，也不愿花力气开荒。刚开始，一些老百姓见了，还以为是无主的荒田，就跑去耕种。谁知等粮食种出来，荒田变成了良田，地主却突然跳出来，要把田地收回去。

叱咤风云

这样一来，垦荒的人都瞎忙活了，谁还愿意开垦哪些无主的荒田呀？

针对这种情况，康熙帝下令：几年没人耕种、没人交税的田地就算是荒田，谁开垦就归谁所有。

百姓一听：哇，这么好的政策！大家都争先恐后地去垦荒！

除此以外，康熙帝还派了壮丁去边疆开荒。由于边疆气候寒冷，普通的农作物很难生长，因此康熙帝特别交代督官，要他们多多向当地的百姓学习，须根据当地的气候条件，种植合适的农作物。

如今，在皇帝的鼓励下，全国各地的农民都在热火朝天地垦荒。相信在不久的将来，那些荒废的土地就会变成肥沃的良田。到时候，百姓们就能过上富足的好日子啦。

鸿雁传书 HONGYAN CHUAN SHU

没牛没种子，咋种地？

穿穿老师：

您好，我是小绵羊村的村民王二，最近朝廷颁布了很多垦荒优惠政策，按理说，咱老百姓应该高兴才对。可是，咱们小绵羊村实在是太穷了，全村七八十户人家，总共只有五头耕牛，十来把耕犁，有些人甚至连种子都买不起。所以就算朝廷把荒地白送给我们，我们也没法儿垦呀，总不能用手刨吧？

穿穿老师，您能帮我们向朝廷反映一下情况吗？

村民王二

王先生：

你好。其实，皇帝早就想到了这个问题。由于长期的战乱，很多百姓颠沛流离，一穷二白。就算白给他们土地，他们也无能为力。我倒听说真有用手刨的，不过效率未免也太低了点儿。

因此皇帝下令，对于那些无力垦荒的百姓，朝廷可无条件地借耕牛和种子给他们。当然啦，既然是借，那还是要还的。不过你也别担心，朝廷不会催得太急，一般得等上几年，等田里有了一定的收成之后，才会让你们还。

由于这项政策耗资巨大，所以一时还没法儿在全国通行。据我所知，河南、山东、湖南等地的百姓已经享受到这项政策了。至于你们村，可能还需要申请。不过你放心，我这就去向朝廷反映，请你耐心地等待消息吧。

《穿越报》编辑 穿穿

百姓茶馆

BAIXING CHAGUAN

朝廷是不是急着收税？

上个月，我们家分到三十亩荒田，领到一头耕牛和几麻袋谷种，本来我应该高兴才对，可我心里却有些不踏实：朝廷凭啥白给我们田地，又借我们牛和种子？是不是急着收税！别到时候粮食还没长出来，官府就来收税了。

农夫牛二

你想多啦，皇帝既然颁布了这些优惠政策，让我们好好种地，就绝不会在赋税上为难咱们。像咱们这种垦荒的人，朝廷有规定，至少要等两三年才开始征税呢。

农夫钱小四

是啊，至少三年才开始征税，有的地方是四五年，还有的地方是六年，我听说还有十年后才开始征税的呢。这皇帝对咱们老百姓真是没得说，咱们呢，就认认真真地垦荒，踏踏实实地种地，跟着康熙皇帝干，一定能奔小康。

农夫老杨

是啊，皇帝一心为咱老百姓着想，为了减轻我们的压力，不但不急着征税，还叫当官的也别急着清查垦荒田亩。所以呢，就像老杨说的那样，咱们啥都别想，只要把田种好就行了，皇帝一定不会亏待我们的。

农夫张辫子

嘻哈园 XIHA YUAN

皇帝要改行做农夫？

说出来你不信，最近本报通讯员得到一个消息，皇帝跑到先农坛耕地去了！

也许你会说，皇帝这是怎么了？好好的天子不当，跑去耕地干吗呀？莫非想改行做农夫？

当然不是，皇帝是去耕地了没错，不过他可不是想改行，而是在行亲耕礼。

亲耕礼，是一套皇帝亲自耕田的礼仪，目的是为了鼓励天下的百姓勤劳耕作。那么，它到底是怎样进行的呢？通讯员为我们详细地记录了这一盛况：

一大清早，康熙帝就穿着隆重的礼服，在文武大臣的陪同下来到先农坛。他们先去先农神坛祭祀先农，接着来到"一亩三分地"（皇帝亲耕的田地，俗语中的"一亩三分地"就是从这里得来的），开始行亲耕礼。

啊!不想跑啊!

只见康熙帝走到亲耕的位置上,朝南而立,亲王们和九卿也都站在各自的耕位上。鸿胪(lú)寺官大喊一声:"进犁!"户部尚书赶紧将犁送到康熙帝手里。鸿胪寺官又大喊一声:"进鞭!"顺天府尹赶忙将鞭子呈给康熙帝。就这样,康熙帝一手扶犁,一手拿鞭,赶着牛在地里耕了三个来回。

等康熙帝耕完了,鸿胪寺官大喊一声:"受犁!"康熙帝把犁交还给户部尚书。鸿胪寺官再大喊一声:"受鞭!"皇帝又将鞭子交给顺天府尹,然后坐到观耕台上,看亲王们耕五个来回,九卿再耕九个来回。

典礼到这里,才算举行完了。接着,一行人又浩浩荡荡地回到了皇宫。

御稻米：皇帝亲自培育的水稻品种

不知什么时候，一种叫"御稻米"的水稻新品种在全国各地流行开来。这种米呈淡淡的红色，颗粒圆润，晶莹透亮，吃起来松软可口，香气四溢，深受百姓的喜爱。那么，御稻米到底是从哪里来的，又是谁培育出来的呢？

本报记者通过深入调查，终于找出了御稻米的培育者，他不是别人，正是当今的康熙皇帝。

原来，康熙帝命人在丰泽园开垦了几亩水稻田，在稻田旁边，还命人修建了一些亭台楼阁，如"知稼轩""秋云亭"等，专门用来瞻望农田。

一天闲来无事，康熙帝来到丰泽园，沿着田埂，兴致勃勃地察看水稻的生长情况。

这时正值六月，稻田里绿油油的，风一吹，便翻起一片绿浪。康熙帝见了，心情大为舒畅。突然，他发现在这绿浪之中，赫然出现了一抹金黄色，仔细一看，竟是成熟的稻谷。金黄的谷穗粒粒饱满，沉甸甸地垂下来，煞是惹人喜爱。

康熙帝又惊又喜，按理说，这片水稻要等九月才能成熟，可这才六月下旬，这稻谷怎么就长出来了？

于是，康熙帝命人将稻谷收割，并小心翼翼地保管起来，

叱咤风云 CHIZHA FENGYUN

等到来年，再拿这批稻谷做种，果然又在六月份的时候成熟了。

年年播种，年年收割，就这样，康熙帝用这种"一穗传"的方法，培育出了大量早熟的新稻种，由于这种稻子是从皇家的稻田里长出来的，因此被称作"御稻米"。

公元1714年，康熙帝给江南的官员发了一些御稻米，叫他们在当地推广。可奇怪的是，试种竟没有成功。康熙帝知道后，叫他们把播种时间从四月提前到三月，到第二年时，御稻米果然长出来了。就这样，御稻米很快在南方各地传播开来，没几年，江苏、浙江、安徽、两淮和江西等地的百姓都吃上了这种御稻米。

后来，康熙帝又在北方推广御稻米，如今，全国百姓都吃上了皇帝亲手培育的稻米，粮食的产量也大大提高了。

《耕织图》——农耕的艺术

最近，民间流传着一套《耕织图》，全套共有四十六幅图，画的都是江南百姓从事农业生产的情景，如播种、插秧、耕田、采桑、养蚕、织布等。其画面细致入微，惟妙惟肖。更令人拍手叫绝的是，每一幅图旁边还配了一首精致的小诗呢。

这么好的东西，是谁做出来的呢？说出来准叫你大吃一惊。下令绘制这套图的不是别人，又是咱们的康熙皇帝。

原来，康熙帝在一次南巡的时候，有个江南士子进献了很多藏书，其中就有一套南宋人画的《耕织图》，全套共有四十五幅图，其中耕图二十一幅，织图二十四幅。

康熙帝对这套图十分感兴趣，回去后，立刻命宫廷画师焦秉贞仿照这套图，重新画了一套《耕织图》。其中耕图二十三幅，织图也是二十三幅。焦秉贞画完了，康熙帝还亲自给每幅图都配了一首诗呢。

值得一提的是，焦秉贞虽然是中国人，但他却精通西洋绘画，所以在这套耕织图中，他除了运用中国传统的绘画技巧外，还掺杂了西洋画法。中西结合，使画面更加生动，且别有一番韵味。

有人说，这不仅仅是一套耕织图，更是一种农耕的艺术呢。

名人有约 MINGREN YOU YUE

 **越越** 大嘴记者

爱新觉罗·玄烨 特约嘉宾

嘉宾简介：康熙帝，大清王朝的第三任皇帝。他的愿望是：天下安定，百姓共享太平。为此，他努力促进农业生产，关心民生，体恤百姓。相信在他的努力下，一定会创造出一个歌舞升平的繁华盛世！

越越：皇上您好，见到您我真是太激动了。

玄烨：别激动别激动，你也是见过世面的人了。你想问什么就问吧。

越越：嗯，您的年号是康熙，请问"康熙"二字是什么意思呢？

玄烨：康，是安宁的意思；熙，是兴盛的意思。它们合起来就是天下兴盛、百姓安宁的意思。这也是我这个皇帝的心愿。

越越：哇，我觉得您这年号，和当今的社会状况真是太符合了。现在百姓们都说，多亏皇上您颁布的政策好，他们才有地种，有粮食吃，您可真是他们的大救星呀。

玄烨：呵呵，这是一个皇帝应该做的。

越越：我想知道，您治国的窍门是什么？

玄烨：两个字，一个"勤"，一个"慎"。

越越：您能具体给我们说说吗？

玄烨：行，先谈谈"勤"吧。勤就是勤劳，勤政是为君的根本，怠荒是亡国的病源。做皇帝必须要勤政，才能治理好国家。所以我每天都在乾清门前主持一场朝廷会议，和大臣们讨

名人有约
MINGREN YOU YUE

论一些国家大事。

越越：这叫御门听政吧。不过，您真的每天都去吗？刮风下雨天也去？

玄烨：当然，别说下雨了，就是下刀子我也会去。

越越：（坏笑）那要是地震了呢？

玄烨：你还别说，前些年，北京真的发生过一场大地震，不过会议还是照常举行。

越越：您老人家真是精力充沛。

玄烨：除非我病得起不了床，或是有什么重大变故，再或是三大节，那就不去了。

越越：什么是三大节？

玄烨：就是元旦、冬至和万寿节，万寿节就是皇帝的生日。比如今年的万寿节三月十八，眼看就要到了。

越越：哎呀，不过，我可没准备什么礼物呀。最多把这篇采访稿送给您。接下来，您给我们谈谈"慎"吧。

玄烨：嗯，皇帝不是平民，一举一动都关系到国家大计，所以不管做什么事，都要反复调查，慎重决定。

越越：那是那是。我听说最近您一直在改革赋税？

玄烨：嗯，是的，争取在保证国库充实的同时，尽量减轻百姓的负担。

越越：可还是有百姓交不起税，该怎么办？

玄烨：不要紧，实在交不起就不交嘛。

越越：呃，皇上您不是开玩笑吧？

玄烨：哈哈，还真不是开玩笑。对那些发生地震、旱灾、水灾地区的老百姓，国家有优惠政策，可以部分减免他们的赋税。遭了重灾的百姓，根本交不起税的百姓，全免也不是不可以嘛。

越越：可是这样一来，国库的收入岂不是少了很多？

玄烨：不要紧，百姓才是国家的根本，人们安居乐业，才是真正的太平盛世。

越越：哇，您果然是位大大的明君。百姓们跟着您，更好的日子还在后头呢！希望皇上万岁万岁万万岁，把这个"康熙盛世"进行到底！

广告铺

严禁再建寺庙

放眼全国，大大小小的寺庙不下数万座。这些寺庙既占土地，又耗钱财。某些住持还仗着朝廷对佛教的宽容，窝藏罪犯，为害一方，实在是可恨。因此，朕决定，除原有的寺庙保留外，一律不准再建寺庙。如有违反者，必当严惩！

康熙帝

防治蝗灾的通知

各地方官听着，今年全国各地大旱，怕是又要出现蝗灾了。朕每日在宫里潜心研究防治蝗灾的办法，你们也要早作防备，以免给百姓带来重大损失。

康熙帝

盛世滋丁，永不加赋

经朝廷会议讨论决定，对丁税作如下调整：以康熙五十年（公元1711年）的人丁数目为定额，向百姓征收相应的丁银，以后新增人丁，不再加收丁税。

康熙帝

（编者注：这就是所谓的"盛世滋丁，永不加赋"，这样可使百姓的负担有所缓解，且减少流亡人口。丁税，即按人口缴纳的税。）

穿越报
CHUANYUE BAO

第 5 期
公元1673年

云南兵变
康熙帝

【烽火快报】
- 一封出人意料的辞职报告

【叱咤风云】
- 赔了夫人又折兵
- 大清朝刮起了"辞职风"
- 吴三桂造反了

【名人有约】
- 特约嘉宾：吴三桂

【广告铺】
- 皇上要来阅兵啦
- 告诸位亲王书
- 新书到货啦
- 救灾志愿者招募启事

穿越必读 CHUANYUE BIDU

瓦解了鳌拜集团后，康熙帝连口气都没来得及喘，新的问题就又摆在了他的面前。在大清国的南方，有三个强大的藩王，他们割据地方，自成王国，对大清的政权构成了很大的威胁。面对棘手的三藩问题，康熙帝将会采取什么样的措施应对呢？

烽火快报 FENGHUO KUAIBAO

一封出人意料的辞职报告
——来自京师的加急快报

解决了鳌拜之后，康熙帝终于松了一口气，现在，他可以全心全意地去解决另一个问题——"三藩"。

所谓"三藩"，指的是三个汉族藩王，即云南"平西王"吴三桂、广东"平南王"尚可喜、福建"靖南王"耿精忠。当年清军因为刚入关，力量不足，所以扶植了三藩军队镇守边远地区，美其名曰："以汉制汉"。

但全国统一后，三藩拥兵自重，割据一方，俨然成了三个独立的王国，皇上的圣旨到了这里，简直就是一张白纸。所以，如何解决三藩问题，成了摆在康熙帝面前的一道大难题。

就在这时，也就是公元1673年三月的一天，康熙帝突然收到了平南王尚可喜的一封奏疏。

在这封奏疏中，尚可喜表示，自己已经七十岁了，实在没有精力担任平南王了，请皇帝恩准他告老还乡，把王爵和藩地让给自己的儿子尚之信。

康熙帝读了这封奏疏后，感到十分惊讶。朝廷一直想撤藩，但没有找到好机会。现在，尚可喜竟然主动递上了辞职报告，他的葫芦里究竟卖的什么药呢？

来自京师的加急快报！

赔了夫人又折兵

尚可喜是只"老狐狸",他主动向康熙帝递上辞职报告,自然有他的打算。

尚可喜有个儿子叫尚之信,这小子是个纨绔子弟,飞扬跋扈,连他老爹的话都不听。为了这个儿子,尚可喜伤透了脑筋。

但不管怎么样,爹还是疼儿子的,尚可喜年龄越来越大了,就一门心思想给儿子安排个锦绣前程。尚可喜明白,自己这些年手握重兵,独霸一方,朝廷一直在猜疑自己。所以,他决定顺水推舟,主动辞职,把职位让给儿子。这样一来,既消除了朝廷对自己的猜疑,又给儿子找了个好工作,真可谓一箭双雕。

康熙帝多聪明呀,他明白尚可喜打的鬼主意。他马上写了批复,先是装模作样地表彰了一下尚可喜这些年的功劳,然后笔锋一转——同意尚可喜辞职,归老辽东!但是儿子继承老爸的王爵,这在大清朝是不合规矩的,对于这一点,两个字——不准!

尚可喜一听就傻眼了——自己的王爵给撤了,儿子又不能继承,这真是赔了夫人又折兵啊!可事已至此,有什么办法呢?只能打碎牙往肚子里咽了,总不能造反吧?自己的势力虽然庞大,可毕竟还是比不上朝廷啊。

最后,尚可喜只好悻悻地收拾了行李,准备举族迁回老家去。

大清朝刮起了"辞职风"

一石激起千层浪,尚可喜的军权被剥夺后,康熙皇帝撤藩的消息马上传遍了朝廷内外。耿精忠和吴三桂知道这个消息后,都变得惊慌起来。

看来,皇上要撤藩的想法,是和尚头上的虱子——明摆着了。作为藩王,平时横行霸道惯了,一旦撤了藩,没了兵权,那比死都难受。到底该怎么办呢?

最后,耿精忠先出招了——他也给康熙帝递上了辞职信。

耿精忠的意图很明显,他想试探一下康熙帝的态度。如果康熙帝不同意自己辞职,那当然再好不过了,如果康熙帝决意要撤掉自己藩王的位子,那就只能和朝廷撕破脸了——大不了起兵造反!总之,绝不交出兵权!

耿精忠假模假样地交了辞职信后,吴三桂更坐不住了——他又该采取什么对策呢?

就在吴三桂冥思苦想的时候,他的大儿子吴应熊,从北京给他寄来了一封加急密信。

也许你要问了,吴三桂的儿子怎么会在北京呢?

原来,吴应熊是额驸,也就是当朝的驸马,娶的是顺治皇帝的妹妹建宁公主。这是一场典型的政治婚姻,一方面,清朝以联姻的方式拉拢收买吴三桂;另一方面,把吴应熊留在北京,俨然就是把他作为人质。

在这封加急密信中,吴应熊告诉老爸,朝廷对几位藩王的疑心越来越重了,现在尚、耿两位藩王都写了辞职报告,唯独老爸这里还没有动静,为了打消朝廷的猜疑,老爸也应该主动示弱,赶快写辞职信,然后随时观察朝廷的最新动向。

读了儿子的来信,吴三桂心里更忐忑了,最后他决定向尚、耿二位藩王学习,写辞职信!

可是,吴三桂写辞职信的做法遭到了一些部下的反对,一个叫刘玄初的人对他说:"大王,这辞职信可千万不能写啊!如果皇上顺水推舟,同意您辞职,那可如何是好啊?"

吴三桂听了,有些恼怒地说:"哼,我势力庞大,皇上一时还不敢动我,就算写了辞职信,他也一定不会同意的!"

于是,就在这一年(公元1673年)的七月,吴三桂怀着复杂的心情,也向康熙帝呈上了辞职信。

所以,现在在康熙帝的御案上,摆着两封假情假意的辞职信,一封是耿精忠的,另一封是吴三桂的。那么,康熙帝下一步将会怎么做呢?

鸿雁传书 HONGYAN CHUAN SHU

台湾要不要和三藩搞联合？

穿穿老师：

你好，我是台湾之主郑经，收到我的来信，你一定很吃惊吧？呵呵，我可是派了细作，专程把这封信捎给你噢！

前不久，靖南王耿精忠给我写了一封密信，信中说，大陆的局势很紧张，朝廷和藩王之间随时有可能发生战争，他希望我可以整顿人马，在东南沿海一带做好策应，随时准备起兵，共同光复明朝。

我读了耿精忠的信，心情很振奋。你说说，如果我这次起兵反清，成功的希望大吗？

延平郡王 郑经

郡王：

您好，您的信我读过了，不过我马上就烧掉了，我可不想被当作作乱内奸给抓起来噢！

您说您想起兵反清，我给您的建议是洗洗睡吧，没希望！

我承认，清兵入关后，也干了一些烧杀抢掠的坏事，您想恢复明朝、恢复汉人政权，这份心情我可以理解。但是，现在的康熙皇帝年轻有为，国家蒸蒸日上，百姓安居乐业，这是多么难得的和平稳定的局面啊，我们都应该去维护才对呀，怎么能挖空心思去破坏呢？

不管是三藩，还是你们，在这个时候发动战争，就属于破坏祖国统一，都是开历史倒车的行为！我劝您还是三思而行吧！

《穿越报》编辑 穿穿

【公元1673年八月，郑经收到耿精忠的书信，十月率部队聚集澎湖，准备伺机起兵。】

BAIXING CHAGUAN 百姓茶馆

大臣们展开了一场"辩论会"

哎呀，你们听说没有，耿精忠和吴三桂都向皇上递了辞职信呢，你们说皇上能同意他们辞职吗？

铁匠老李

听说皇上也很为难啊！皇上把大臣们召集起来商讨此事，结果大臣们的意见很不一致，大家为此事已经吵得不可开交了！

王秀才

是啊，很多大臣都不同意皇上撤藩，他们认为，云南贵州一带的少数民族不容忽视，如果拿掉吴三桂的话，云贵一带没有大将镇守，很有可能出乱子呢！

赵员外

也有一些大臣支持撤藩，像户部尚书米思翰、兵部尚书明珠等人。他们认为，云贵少数民族现在归附朝廷，已经掀不起波澜了，应该同意藩王的辞职申请，马上撤藩！面对两派意见，谁知道皇上会怎么定夺呢！

张秀才

嗯，这两种意见其实都有一定的道理！不过，我听说皇上在宫中的一根柱子上写了"三藩、漕运、河工"这几个字，把这三件事视为国家的头等大事，提醒自己时刻谨记。大家想一想，三藩问题可排在第一位啊，我想，皇上心里一定是想撤藩的！

马秀才

叱咤风云 CHIZHA FENGYUN

吴三桂造反了

面对耿精忠和吴三桂的辞职信，康熙帝最终下定决心——顺水推舟，同意辞职！也就是说，马上撤藩！

消息马上传到了云南，吴三桂一听就傻眼了，本来只是假装辞职，没想到弄假成真了！

撤藩，他将失去一切权力，除了空有一个平西王的爵位，他只能掌管庄田，安闲度日，这叫他怎么甘心。

吴三桂的属下也愤愤不平："大王立下了大功，朝廷竟然要夺走您的云南。"

吴三桂的家人已经在云南生活十多年了，拥有很多房产地产，而且没有战争，生活安定舒适，谁都不想再东搬西迁。

这时候吴三桂的侄子说："大王如今威望很高，只要一起兵，肯定会有很多人响应。如果撤藩，朝廷要是想杀掉我们，我们根本无力反抗，还不如现在起兵，保全自己。"

是啊，自己如果失去兵权，真的就变成手无缚鸡之力之人，朝廷以后要杀他，易如反掌。

叱咤风云

呆立了好大一会儿,吴三桂终于缓过神来,他明白,自己只有一条路可以走了——造反!

吴三桂马上摆下丰盛的酒宴,把手下将士都请了过来。酒过三巡后,吴三桂站了起来,他长叹一声,然后对大家说:

"众位将士,咱们一起南征北战,患难与共,都已经快三十年了。现在国家安定了,咱们这些武将也就没有用武之地了。现在,皇上让我们离开云南,迁到远方,恐怕以后和大家相聚的日子不多了……"说罢,吴三桂流下了眼泪。

吴三桂这一哭,将士们都十分感动,大家的情绪一下就被调动起来了,突然,有人站起来高呼:"康熙算老几呀,大王,你是我们的主帅,我们只听你的命令!"

这句话一出,将士们都纷纷响应,大家振臂高呼——愿意誓死效忠吴王!

吴三桂一看,大喜。公元1673年十一月二十一日这一天,吴三桂召集三军,下令都改穿汉服,戴明朝佩饰,打着"反清复明"的旗号,包围了云南省城官署,杀掉了巡抚。

公然杀死朝廷命官,吴三桂造反了!

名人有约

MINGREN YOU YUE

越越 大嘴记者

吴三桂 特约嘉宾

嘉宾简介： 平西王。他曾是明朝显赫一时的将领，却因改旗易帜、剃发降清，招来了"叛徒"的骂名。面对新主子撤藩的诏书，他又举起了"反清复明"的大旗，让人们对他的行为百思不得其解。他就是大名鼎鼎的乱世军阀、最令康熙皇帝头疼的平西王——吴三桂！

越　越：王爷您好，现在您造反这么忙，还能抽出时间来接受我的采访，真是太谢谢了！

吴三桂：（瞪眼睛）小记者，请注意你的措辞！我这叫反清复明，不叫造反！

越　越：（吓得吐了吐舌头，又撇撇嘴）王爷，恕我直言，南明王朝的最后一个皇帝逃到缅甸，都被您捉回来杀死了，您说要光复明朝，鬼才相信呢！

吴三桂：胡说什么你！你知道永历皇帝是怎么死的吗？

越　越：这大家都知道啊，被你用弓弦勒死了！

吴三桂：对啊！我用这样的方式，就是为了保全永历帝的龙体，让他死有全尸，这恰恰证明我对他的忠心啊！

越　越：呃……

吴三桂：其实在我心里，一直很怀念大明朝啊！当年李自成攻破北京，崇祯皇帝上吊自尽。我据守山海关，兵力有限，为了消灭李自成给崇祯帝报仇，才去找多尔衮借兵。我领着清兵入关，不都是为了光复大明朝吗？

越　越：（小声嘀咕）呃，可是据我所知，您带兵攻打李自成，不是为了给崇祯帝报仇……

吴三桂：（瞪眼睛）那你说是为了什么！

名人有约 MINGREN YOU YUE

越　越：（再次小声嘀咕）是……是因为李自成的部下霸占了陈圆圆……有首诗里说，您是"冲冠一怒为红颜"……

吴三桂：（气急败坏）胡说！我堂堂大丈夫，怎么会为了一个女人大动刀兵！这都是世人造谣诽谤我！

越　越：呃，好吧……不过据我所知，您打败李自成后，又重新得到了陈圆圆，对吧？

吴三桂：是又怎么样？陈圆圆本来就是我的小妾，我抢回自己的老婆，这总没错吧？

越　越：嗯，这倒也是！那陈圆圆近况如何啊？作为一代名媛，她也很受我们大家的关注啊！

吴三桂：这个嘛……（挠挠耳朵）说实话，这些年她老了，我早就不宠爱她了，我已经很久没见过她了。我又娶了很多老婆，哪里还顾得上她啊！

越　越：（生气）你可真是个负心汉！你这么做，会受到惩罚的！

吴三桂：哼，我贵为平西王，多娶几个老婆算什么！等过些日子，我造反成功自己做了皇帝，还会有更多的妃子呢！

越　越：您那么有把握吗？万一造反失败了呢？那可是诛杀九族的大罪啊！

吴三桂：哼，我在云贵起事，耿精忠在福建呼应，还有台湾的郑经帮忙，形势一片大好呢！你就等着瞧吧！

越　越：（撇撇嘴）我可不这样认为。明末以来的饥荒、战乱让人民苦不堪言，翻开历史看看，大乱之后必有大治！国家现在趋于稳定，你们在这时发动叛乱，肯定是不得民心的，我看呀，你们不会有什么好下场！

吴三桂：（气得直哆嗦）你你你，你简直气死我了……

广告铺

皇上要来阅兵啦

为对禁旅八旗进行检阅，明日清晨七时许，皇帝将亲自到我们晾鹰台来。届时请大家在晾鹰台西边分成两列站好。另外，请在台下准备箭靶一个，弓箭若干支，届时皇上将和我们一起射箭，如有箭术高手请提前来报名。

禁旅八旗都统府

告诸位亲王书

诸位亲王，作为爱新觉罗氏子孙，你们一定不能仗着自己身份高贵而恣意妄为，平时要多读书，多练习骑射，提高自身素质，保持我大清贵族的光辉形象。

康熙帝

新书到货啦

他真的曾出家当过和尚吗？他是如何看待自己母亲和多尔衮的关系的？由大清官方修订的《世祖实录》已经到货！本书将向您讲述一个真实的顺治皇帝！精装限量版，附送顺治皇帝大幅海报哦！

百花书坊

救灾志愿者招募启事

各位父老乡亲，前阵子，庐州（编者注：庐州即今安徽省合肥市）发生了地震，房屋倒塌，伤亡无数，老百姓失去了财产和亲人，实在是可怜。现在我们想招募一批救助志愿者，一起前往灾区。若你身体健康、家人支持，请参与到我们的救助队伍中来，为灾区百姓尽一点力！

庐州救灾志愿团

第6期

公元1673年—公元1681年

平定三藩

康熙帝

穿越报
CHUANYUE BAO

【烽火快报】
- 突然冒出个"朱三太子"

【叱咤风云】
- 坚决平叛,绝不谈和
- 真的是乌龟拖住了吴三桂吗
- 吴三桂被孤立了
- 五个月的皇帝

【名人有约】
- 特约嘉宾:纳兰明珠

【广告铺】
- 皇上罢朝五日
- 大家一起来狂欢吧
- 南书房官员选拔启事

【智者为王】
- 第2关

穿越必读 CHUANYUE BIDU

这可真是个多事之秋,吴三桂在云南叛乱,京城又发生了"朱三太子案",紧接着,耿精忠、尚之信相继叛乱,一时间,大半个中国都陷入了战火之中。面对这样的危局,康熙帝该如何应对呢?他能够平定三藩、让国家重新恢复和平与稳定吗?

烽火快报
FENGHUO KUAIBAO

突然冒出个"朱三太子"
——来自京师的加急快报

吴三桂在云南造反的消息传到了北京，全国的局势顿时变得紧张起来，可偏偏在这个节骨眼上，有人慌里慌张地跑来向康熙帝报告——京城突然冒出个"朱三太子"，密谋反清复明！

康熙帝一听，马上命人火速查办此事。也许你会问了，"朱三太子"是谁呢？为什么会让康熙帝如此不安呢？

原来当年李自成率农民军攻破北京后，明朝的崇祯皇帝上吊自杀身亡，但他的三个皇子却逃了出来，至于逃到哪里去了，就没人知道了。

现在，居然有人自称是当年幸免于难的三皇子朱慈炯，并且还要聚众谋反，这还了得！

不过，事情很快就被查清楚了，原来这个"朱三太子"是一个叫杨起隆的人冒充的。但杨起隆十分精明，早就一溜烟跑得无影无踪了，官员连他一根汗毛都没碰着。

唉，外有吴三桂造反，内有假"朱三太子"捣乱，这可真是多事之秋啊！

来自京师的加急快报！

叱咤风云 CHIZHA FENGYUN

坚决平叛，绝不谈和

吴三桂公开反清后，各地纷纷响应，很快便聚集了十多万人马，其中有不少地方高官，他们原来都是大明降将。他们势头非常凶猛，连续攻城略地，告急文书像雪片一样向北京传来。

紧接着，更大的雷炸响了——靖南王耿精忠也宣布造反了！紧接着，尚可喜的儿子尚可信也造反了！

一时间，朝野震动，连太皇太后都坐不住了。老人家亲自命人拨内库白银到前线，犒赏三军将士，激励大家抵抗叛军。

康熙帝更不敢怠慢，赶紧召集群臣，共同商讨对策。

大臣们七嘴八舌地议论着，大学士索额图首先发言："现在吴三桂势头很猛，为今之计，应该杀掉那些建

CHIZHA FENGYUN 叱咤风云

议撤藩的大臣，向吴三桂求和，才能保住我大清江山！"其他大臣也纷纷附和。

当初支持撤藩的大臣，明珠、莫洛、米思翰、苏拜等人一听，紧张得额头上的汗马上都冒了出来。

让他们高兴的是，康熙帝听后，断然拒绝："撤藩是朕的决定，与他人无关。吴三桂是国家罪人，岂能与他谈和？绝对不行！"这一席话说得坚定有力，再次表达了他铲除三藩的决心。

最后，为了把战事范围控制在云、贵、湖、广地区，康熙帝派八旗精兵前往荆州，以守住这个长江地区的咽喉要地，稳定人心，同时又调动各方兵力，守住各个战略要地。

这位从未打过仗的少年天子，会是久经沙场的平西王的对手吗？本报将和大家共同关注！

鸿雁传书 HONGYAN CHUAN SHU

我的命好苦啊

穿穿老师：

你好，我是建宁公主，是顺治皇帝的妹妹，按辈分算，当今皇上康熙还得叫我姑姑呢！我十三岁那年嫁给了吴三桂之子吴应熊，我们小两口一直住在北京，生活得和和美美。可是现在，我简直是伤心欲绝、痛不欲生啊！

前一段时间，我的公公吴三桂在云南造反，这下可糟了，皇上马上把我丈夫吴应熊和我儿子吴世霖囚禁了起来。接着没过多久，皇上为了向天下人表示平叛的决心，竟然把我的丈夫和孩子都给杀了！啊，我才三十几岁，就失去了丈夫和孩子，这以后的日子该怎么过啊？我的命好苦啊！

建宁公主

尊敬的建宁公主：

您好，皇上杀吴应熊和吴世霖的事情，我也听说了，对于您的这番遭遇，我是深表同情啊！

可是，吴三桂起兵造反，犯的可是灭门之罪啊，皇上杀吴应熊父子，为的就是震慑吴三桂，同时也给天下人一个交代啊！没办法，翻开历史看看，政治斗争向来都是无情的，可悲可叹啊！

所以，我劝您还是节哀吧，以后的日子还长，不管怎么样，您都应该善待自己，好好地活下去！

《穿越报》编辑 穿穿

【公元1674年四月，康熙帝下令处死吴应熊父子。此后，康熙帝多次下诏安抚建宁公主，称其"为叛寇所累"。】

百姓茶馆

赫舍里氏皇后真不幸啊

哎呀,你们听说没有,赫舍里氏皇后由于难产,在坤宁宫去世了!皇后满打满算今年才二十一岁啊,这么早就没了,真是不幸啊!

裁缝老张

是啊,听说皇上非常伤心啊!为了表示哀悼,皇上辍朝五日,并且要求皇宫内外一律举哀,服丧二十七天呢!

王秀才

皇后贵为一国之母,皇上能不伤心、能不重视吗?听说皇后去世后,棺椁(guǒ)先停放在紫禁城,皇上几乎每天都要去棺前举哀!后来皇后棺椁要移至巩华城的时候,皇上更是亲自扶着灵柩去送,那场面真是感人啊!唉,皇上那副憔悴的样子,真是让人心疼啊!

赵员外

皇上能不憔悴吗?你们说说,最近咱大清朝出了多少乱子啊,先是吴三桂造反,然后南方各地叛乱四起,现在皇后又不幸去世了,皇上的烦心事可真是一件接着一件啊!

李秀才

叱咤风云 CHIZHA FENGYUN

真的是乌龟拖住了吴三桂吗

吴三桂确实非常厉害，他起兵之后，连战连捷，很快，云南、贵州、四川、湖南就都成了他的地盘。此外，耿精忠在福建造反，台湾的郑经也在东南沿海一带出兵，一时间，大清朝的半壁江山几乎都落入了叛军之手，形势岌岌可危。

可是，眼看就要渡过长江，直逼京师了，吴三桂的军队却突然停止了前进。大家都觉得奇怪，吴三桂久经沙场，经验丰富，他为什么会错过这么好的战机呢？

事实上，吴三桂有他自己的打算。

吴三桂认为，大清实力雄厚，自己想渡过长江，统一全国，难度太大了。最好能够与康熙谈和，以长江为界，双方平分天下。

于是，吴三桂便在长江南岸驻兵，然后给康熙写了一封信。在这封信里，吴三桂口气很嚣张，一点儿也没把康熙放在眼里，气势汹汹地要求康熙割地谈和。

同时，吴三桂还耍起了小聪明。他暗中派人到西藏请达赖喇嘛出面调停，逼迫康熙谈和。

据小道消息说，吴三桂很迷信，为了谈和的事情，他还专门给自己算了一卦。

吴三桂听人说，在衡山的岳神庙里，有一只像铜钱大小的小白龟，当地人奉它为神灵，认为那是一只神龟，很多人都曾向

叱咤风云

神龟问卦，占卜吉凶祸福，结果非常灵验。

于是，吴三桂也来到了衡山，虔诚地祈祷后，他把神龟放在一张地图上。

吴三桂目不转睛地盯着神龟，只见它缓慢地爬行，始终不出长沙、岳州、常州这几个地方，最后竟然停在了云南！

一次不放心，吴三桂又接连占卜了三次，结果，每次神龟都停在了云南。

这下吴三桂高兴了，他哈哈大笑说："神龟从不过江，每次都向南而行，看来，老夫以云南为根据地，割据长江以南的想法是正确的，这是天意啊！"

当然，这是小道消息，究竟是不是神龟拖住了叛军过江的脚步，只有吴三桂自己知道了。总之，吴三桂没有把握战机，继续北上，而是在长江地区和大清形成了对峙的局面。

那么，面对多方面的压力，康熙帝是怎么想的呢？

康熙帝的态度非常坚定，他丝毫没有改变撤藩的决心。康熙帝明令宣布，绝不谈和，一定要把叛乱彻底肃清！

接下来，事态又会如何发展呢？让我们拭目以待！

叱咤风云 CHIZHA FENGYUN

吴三桂被孤立了

公元1676年二月,继吴、耿之后,尚可喜的儿子尚之信集结部众,也发动了兵变。至此,三藩皆反,局面变得更紧张了。

可是,就在清军与叛军打得不可开交的时候,大家却惊奇地发现,康熙帝似乎很放松,一点儿着急的样子都没有。

康熙帝经常出去游玩,到景山看一看风景,到校场观一观骑射,总之,一副满不在乎的样子,好像天下很太平,根本就没有战乱一样。

其实,康熙帝这都是在演戏,他的内心比谁都着急呢!可是他明白,这时战事紧张,人心浮动,作为领导者,如果自己表现得很慌乱,一定会动摇军心。所以,他一方面

密切关注战事的发展,另一方面又表现得心平气和,淡定从容。

面对三藩叛乱,康熙帝很冷静,在仔细分析了战局后,康熙帝认为,最棘手的还是吴藩,应该集中兵力,首先消灭吴三桂。

所以,康熙帝派人通告耿精忠和尚之信,朝廷愿意招抚他们,对于他们这次叛乱,可以既往不咎,他们可以继续做藩王,享受原来的待遇。

康熙帝这么一说,耿、尚二位马上就动摇了。你想想,如果不撤藩,保留他们的封地,他们又不傻,干吗要和朝廷对着干呢!

康熙帝这一招可真高啊,这样一来,吴三桂马上被孤立了,失去了一起造反的小伙伴,他变成了孤家寡人一个。

嘻哈园 XIHA YUAN

五个月的皇帝

吴三桂被孤立后,渐渐陷入了困境,局面对他越来越不利了。

为了振奋军心,继续造反,吴三桂搜肠刮肚,最后想出了一个馊主意——登基称帝!

吴三桂认为,只有自己登基称帝,才能鼓舞三军士气,让大家誓死为他卖命。再说了,造反这么久了,还不弄个皇帝当当,那也太亏了!

于是,公元1678年三月初一这一天,吴三桂在衡州称帝,定国号为"周",称自己是"大周昭武皇帝"。

但是,吴三桂完全失算了,他登基称帝这步棋,完全是个昏招。

要知道,在此之前,吴三桂打的旗号是"反清复明",不管怎么说,明朝刚灭亡不久,有很多人比较怀念旧朝,对吴三桂也比较同情。可是现在,吴三桂公然称帝,世人总算看清了他虚

叱咤风云 CHIZHA FENGYUN

伪的嘴脸，他哪里是要光复明朝啊，他完全就是个野心家嘛！

这一下，吴三桂民心尽失，陷入了众叛亲离的境地。最后，吴三桂心情郁闷，急火攻心，染上了重病，仅仅当了五个月的皇帝，就一命呜呼了。

吴三桂死后，他的孙子吴世璠（fán）继位，负隅顽抗。

但是，这时的吴藩已经是强弩之末了。到了1681年，康熙帝命大军围剿，最后，清兵攻破云贵省城，吴世璠自杀。至此，历时八年的三藩之乱，终于平定了。

MINGREN YOU YUE 名人有约

 **越越** 大嘴记者

纳兰明珠 特约嘉宾

嘉宾简介：武英殿大学士，满洲正黄旗人。他出身望族，却凭借自身的勤奋和才华，从一名普通的侍卫，变成权倾朝野的一代"明相"。作为康熙帝身边最重要的大臣之一，他在平三藩、统一台湾、抵抗外敌等重大事件中，都扮演着相当关键的角色。

越越：大人，这么快就升为大学士了，想必在这次平乱中立了大功吧？

明珠：（连连摆手）这一切都是皇上的功劳，我等做奴才的，不敢居功。

越越：论功，皇上排第二，就没有人敢排第一。只是皇上现在不过是个十几岁的孩子，出力的肯定都是大人这样的重臣了。

明珠：我等做奴才的，多出点力也是应该的。而且我的看法跟皇上一样，吴三桂这种老虎养在家里，迟早是祸害，不如先发制人，打他个措手不及。

越越：不过，索额图大人的想法正好跟您截然相反啊！皇上年幼，索大人权大势大，您跟他对着干，不怕他打击报复您吗？

明珠：他再大，大得过皇上吗？仗着自己是皇亲国戚，他竟敢反对皇上，也是蠢到家了！

越越：据我所知，您跟索额图大人一样，也是皇亲国戚，而且论辈分的话，您是皇上的堂姑父哦！

明珠：这么远的亲戚关系能有什么用？我当年也不过是个普通的大内侍卫。

越越：那大人完全是靠自己，一步一步登上了今天这个位置？

明珠：靠天靠地靠祖先，都不如靠自己。我可不像某些人，靠完老爹靠侄女皇后……

越越：看来大人和索额图大人的

名人有约 MINGREN YOU YUE

关系不太好啊！现在你们两个都在内阁办事，都是皇上身边的红人，要是成天窝里斗，皇上会不高兴吧？

明珠：错！我跟索额图斗得越狠，皇上越高兴。

越越：啊，为什么啊？

明珠：朝中有两股势力，势均力敌，这样就没有人像鳌拜那样独揽朝政，觊觎（jìyú）皇位了，皇上能不高兴吗？

越越：唉，原来朝堂和后宫一样，也在上演《甄嬛传》。

明珠：（好奇）甄嬛是谁？

越越：一个女人一个女人……

明珠：总之，索额图怎么干，我就跟他对着来。而且要想皇上高兴，这个官还不能做得太清廉。

越越：啊，不能做清官，这又是为什么呢？

明珠：你想想，我做这么大的官，要是什么都不要，什么都不贪，那皇上难免会想，他做官是为什么呢？如果不是为了更大的官，或者更多的钱，那难道是为了皇位？

越越：这也不一定啊，当官不就是要为民作主吗？

明珠：（手一挥）那都是说给老百姓听听而已……

越越：唉，我还以为"明相"是"英明之相""清明之相"，现在想想，可能只是因为您的名字中有"明"字罢了。

明珠：……

（纳兰明珠任要职二十年，最终因朋党之争被罢官，郁郁而终。）

广告铺

皇上罢朝五日

皇后赫舍里氏因难产（1674年）逝世于坤宁宫，皇上悲痛不已，特下令五天之内不上朝，亲自送皇后到北沙河的华城殡宫，各位大臣有事请改日上奏。

大清礼部

大家一起来狂欢吧

平定三藩已经取得初步胜利，皇上下令在午门举行庆祝大会，大臣们可以带上你的家属，可以穿奇装异服，可以没大没小，可以尽情欢笑，可以尽情撒野。

这是一个没有礼节约束的庆祝会，这是一场热闹无比的庆功宴。快带上你的热情，来跟我们一起狂欢吧！

午门负责人

南书房官员选拔启事

为了更好地帮助皇上学习汉族文化，掌握天下形势，现正式设立南书房。书房中人将从翰林院选拔，分三班值日，以方便皇上随时召见。

此次选拔，无汉人旗人之分，择优录取，如果你学识渊博、人品端正，欢迎前来报名。

南书房筹备部

智者为王 ZHIZHE WEI WANG

智者无敌
王者为大

1. 圈地令是哪一年废除的？
2. 皇帝为什么要举行亲耕礼？
3. 御稻米是谁培育出来的？
4. 康熙这个年号是什么意思？
5. 康熙时期的三大节是指哪三大节？
6. 公元1711年，康熙实行了什么政策来给百姓减轻负担？
7. "三藩"是指什么？
8. 哪位藩王第一个主动向康熙帝提出辞职？为什么？
9. 被康熙帝视为国家头等大事的是哪几件事？
10. 吴三桂打着什么旗号公开造反了？
11. "冲冠一怒为红颜"中的"红颜"指的是谁？
12. 这段时间，哪个地方发生了地震？
13. 吴三桂在云南叛乱时，京城又发生了什么案件？
14. 纳兰明珠的死对头是谁？
15. 为什么要设立南书房？

穿越报
CHUANYUE BAO

第 7 期
公元1682年—公元1684年

收复台湾

【烽火快报】
- 意想不到的任命

【绝密档案】
- 揭秘施琅的复杂身世
- 不肯剃头的郑经

【叱咤风云】
- 南风北风，选哪一个好呢
- "破肚将军"和"独眼主帅"
- 台湾回到了祖国怀抱

【名人有约】
- 特约嘉宾：施琅

【广告铺】
- 欢迎科技人才
- 中国皇帝爱西学
- 木兰围猎

穿越必读 CHUANYUE BIDU

明朝末年，民族英雄郑成功打跑荷兰侵略者，收复了台湾。可是，郑成功死后，郑氏家族继续占据台湾，企图把台湾变成"独立王国"。康熙帝决定收复台湾，实现大清帝国的统一，他任命施琅为水师提督，向台湾进军……

烽火快报 FENGHUO KUAIBAO

意想不到的任命
——来自京师的加急快报

来自京师的加急快报！

三藩平定后，南方终于恢复了安宁，但是，这个时候，在大清国的东南部，还埋藏着一颗"定时炸弹"，那就是台湾。

明末清初时，郑成功的舰队打跑了荷兰侵略者，收复了台湾，可以说，郑成功是一位真正的民族英雄。但是，郑成功死后，他的后代继续占据着台湾，这时，郑氏家族表面上宣称要"反清复明"，实际上呢，他们想把台湾变成"独立王国"，自己当老大。

对于郑氏家族割据台湾的做法，康熙帝当然不能容忍。康熙帝决定，出兵，收复台湾！

可是，派谁做领兵主帅呢？为了这件事，康熙帝没少犯难。

要知道，攻打台湾，最重要的是水军，而大清夺得天下，靠的是厉害的满洲铁骑，对海战却并不精通。

结果，公元1682年七月，康熙帝突然下旨，任命施琅为福建水师提督！

消息传出，举朝哗然。那么，康熙帝的这次任命，为什么会让大家如此惊讶呢？

揭秘施琅的复杂身世

其实,早在几年前,福建总督姚启圣就曾给康熙帝上书,大力推荐施琅,并拍着胸脯向康熙帝保证,这个施琅有勇有谋,绝对是一名非常出色的水军将领。

但是,对于施琅这个人选,康熙帝一直都犹豫不决。

原来,施琅本是郑成功的部下,后来与郑成功反目,才投靠了大清。可是,施琅的儿子施齐和侄子施亥并没有降清,仍在台湾做官。

你说说,施琅与台湾有这么复杂的关系,康熙帝怎么能放心呢?

所以,当康熙帝宣布任命施琅为福建水师提督后,大家都觉得非常奇怪——为什么最后还是选了他呢?

带着这样的疑问,本报记者深入皇宫,进行了一番调查后,终于弄清了事情的真相。

原来,施齐和施亥虽然待在台湾,但却是身在曹营心在汉。后来,二人密谋反台,结果事情败露了。这下二人遭了殃,都被郑氏集团杀死了,而且,两家七十三口人无一幸免。

姚启圣得到这个最新消息后,马上又给康熙帝写了封奏折,详细汇报了这件事情。

这样一来,康熙帝的顾虑被完全打消了。施琅已和台湾郑氏结下了深仇大恨,命他为主帅,再也没有后顾之忧了。

绝密档案 JUEMI DANGAN

不肯剃头的郑经

其实，康熙帝本来并不想动刀动枪，和平收复台湾才是他的心愿。但是，这个心愿并没有实现。

原来，在康熙帝刚刚亲政时，就曾派使臣去台湾劝降。这个时候，台湾的一把手是郑成功的儿子郑经。

使臣对郑经说，只要郑经愿意削发归降，大清一定给予优待，仍封郑经为台湾之主，把台湾封为郑氏家族的藩地。

但是，郑经不肯剃发归顺，坚持要梳明朝的发型，穿明朝的衣服，还说，台湾可以作为大清的附属国，向大清称臣进贡。

这样做，康熙帝当然不同意，因为这等于向大家宣告，大清和台湾是两个主权国家，台湾仅仅是臣服于大清而已。康熙帝心怀壮志，他可是想让大清实现大一统呀！

康熙帝很有耐心，一次劝说不成，他又多次派人出使台湾，商量和平统一的事情。但是，郑经仍然坚持原来的态度，双方一直都谈不拢。最后，康熙帝彻底死心了。康熙帝心想，看来劝降是不行了，那就只有动武了！

只是后来，三藩叛乱的事情分了康熙帝的神，台湾问题也就迟迟没有解决。郑经呢，他守着台湾，过着割据一方的生活。公元1681年正月，郑经病逝了，年仅十二岁的儿子郑克塽（shuǎng）继承了王位。

现在，三藩已经肃清了，解决台湾问题的时机终于到来了。

南风北风，选哪一个好呢

看到皇上对自己如此信任，施琅心里很感激。他暗暗发誓，一定要收复台湾，为大清立下不世之功。

公元1681年十月，施琅走马上任，来到了福建厦门。

施琅很谨慎，他没有急于进兵。他明白，台湾虽小，却有大海这个天然保护伞，想攻克它，并不是一件轻而易举的事。

所以，在和福建总督姚启圣商讨之后，施琅决定，先做好各项准备工作再说。

施琅命人整顿船只，打造海战所需的各种兵器，然后又召集队伍，亲自训练士兵们海上作战的本领。

作为一名优秀的海军将领，施琅大半辈子都是在战船上度过的，对于海战，他非常熟悉。所以，在他的指挥训练下，大清

叱咤风云 CHIZHA FENGYUN

士兵的海战能力都得到了很大的提高。

接下来，施琅展开地图，又开始制定作战计划。

在大陆和台湾岛之间，是著名的澎湖列岛。毫无疑问，想要攻克台湾，就必须先占领澎湖。但是，在制定登陆澎湖的作战计划时，施琅和姚启圣出现了分歧。

施琅认为，应该在夏季刮南风的时候出兵，因为南风较柔和，将士们不容易晕船，大军可以顺风而行，在澎湖南端的妈娘宫登陆。

姚启圣却认为，应该在秋冬季节刮北风的时候出发，因为这样可以顺着风势，在澎湖北端登陆，占领澎湖后，大军可以顺风继续南下，直接进逼台湾。

为了这件事，施、姚二人吵了个满脸通红。最后，他两决定给朝廷上书，让康熙帝来做个决断。

这下，康熙帝也犯难了，要知道，康熙帝虽然博古通今、满腹才学，可是对于海战，他也是个外行啊！

康熙帝马上把大臣们召集起来，大家群策群力，共同商讨此事。

可是，这些大臣们平时也都身居内陆，对大海上的事，他们也是一窍不通。大家唧唧喳喳议论了半天，也没议论出什么结果。

康熙帝皱起了眉头，这下可如何是好呢？

嘻哈园

百姓茶馆 BAIXING CHAGUAN

施琅获得了独家指挥权

卖烧饼的小王：现在施琅到福建一年多了，怎么也没见有什么动静呢？

张秀才：你们看着吧，这可能就是暴风雨来临前的平静，暗藏杀机！施琅一直在福建练兵，不战则已，一战成功！我很看好他呢！听说现在台湾那边人心惶惶，很多军民百姓都偷渡过海，来投靠咱们大清呢，而且，其中不乏台湾的大将呢！

刘秀才：嗯，现在虽然没有开战，但火药味已经很浓了，大战一触即发！不过，听说施琅和姚启圣发生了风信之争，选南风时出兵还是选北风时出兵，皇上也很难定夺啊！

李秀才：虽然皇上也拿不定主意，但是，我得到最新消息，皇上决定用人不疑，把前方的指挥权全部交给施琅！据说皇上在信中对施琅说，海上变化莫测，你可以随机应变，随时调整作战部署！现在，姚启圣只负责筹备粮草，打仗的事，施琅一个人说了算！

赵员外：是啊，一个福建总督，一个福建水师提督，如果两个人一起带兵的话，难免会有意见不一致的时候，皇上把指挥权交给施琅，这个决定很英明啊！

CHIZHA FENGYUN　叱咤风云

"破肚将军"和"独眼主帅"

南北风之争终于有了结果，康熙把独家指挥权交给了施琅。现在，万事俱备，决战的时刻终于到来了！

公元1683年六月十四日，海上南风徐徐，施琅集结两万多大清将士、两百多艘战船，从福建铜山起航，向澎湖进发。

驻守澎湖的台湾将领，是一个叫刘国轩的人。得知施琅进兵的消息后，他赶快通知各部，整顿船只和炮台，加强守卫工作。

刘国轩洋洋得意地对部下说："施琅远道而来，我们以逸待劳，一定可以打败他们！再说了，现在是夏季，如果海上刮起台风，那不用我们打，他们自己就完蛋了，哈哈！"

施琅猜透了刘国轩的心思，他决定主动出击。要知道，大海上变幻莫测，如果真来了台风，那确实很危险，而且，一旦时间拖得太久，后勤补给也是个问题。

六月十六日，施琅一声令下，大清船队向敌人发起了攻击。顿时，平静的海面上炮声隆隆，狼烟滚滚！

叱咤风云 CHIZHA FENGYUN

冲在最前面的是施琅手下的先锋大将蓝理，他率领七艘战船，冒着敌人的箭矢和炮火，接连击沉了七八艘敌船，杀得台湾军队节节败退。

突然，敌方打来的一发炮弹在蓝理身边炸响了，蓝理躲闪不及，被弹片炸伤了腹部。蓝理疼得倒在船板上，低头一看，肚子上被炸开了一个大口子，鲜血直流！

可是，只见蓝理忍着剧痛站了起来，他用手捂着肚子咬紧牙关，继续指挥战斗！

施琅见爱将受伤，心如刀割，马上亲率船队前去增援，与敌船混战在一起。战斗更加激烈了！

刘国轩一看清军势头威猛无比，气急败坏地大喊着："顶住，一定要顶住！开炮，给我开炮！"

这时，施琅早已将生死置之度外了，他大声地指挥着，呼喊着……

突然，又一发流炮在施琅身边炸响了，流炮的余炎瞬间打在了施琅的右眼上。施琅没有站稳，重重地摔倒在甲板上。

但是，施琅真是条硬汉，他让士兵用手帕帮他包扎好右眼，挣扎着重新站起，继续顽强战斗！

这一仗真是太激烈了，一直打到天都快黑了，双方才各自收兵。这一仗虽然未分胜负，但是台湾方面已经很害怕了，一想起大清水师那副英勇无比的样子，人人都觉得胆战心惊。

康熙帝得知战况后，大为感慨，称赞蓝理为"破肚将军"。施琅的右眼负伤失明，现在，他成了大清水师的"独眼主帅"。

台湾回到了祖国怀抱

在经历了一场大战之后,施琅传下命令,让大家休息调整。但是,施琅自己却没闲着,他亲自乘船,再次向澎湖方向驶去。

施琅去干什么呢?原来,施琅决定亲自去探查一下澎湖各处的地形、炮台和船队停泊情况,施琅明白,只有知己知彼,才能百战不殆。

把敌情探查清楚后,施琅一声令下,出发,向澎湖发起总攻!

大海上,到处都是大清的船,浩浩荡荡,旌旗蔽天!

台湾主帅刘国轩一看,吓得腿肚子都软了,他哆哆嗦嗦地向部下吩咐:"顶住,拼死也要给我顶住!"

叱咤风云 CHIZHA FENGYUN

可是这一次，台湾军队真的顶不住了。在一片炮火之中，台湾军队被打得落花流水，狼狈逃窜。

刘国轩一看大事不妙，赶忙命人掉转船头，头也不回地逃回了台湾岛。施琅取得胜利，占据了澎湖列岛。

澎湖失守的消息，让台湾集团内部炸开了锅。澎湖是台湾的门户，大门现在被打开了，想要继续抵抗，恐怕是在白日做梦了。

台湾之主郑克塽仅仅是个十几岁的孩子，这时候吓得都快哭了，他赶紧召集手下大臣，商量下一步的对策。

可是，还能有什么对策呢？大臣们唧唧喳喳地议论了半天，得出一个结论——投降。

郑克塽一看，大家都说要投降，那也只好如此了，投降的话，好歹能保住性命，要是顽抗到底，估计不会有什么好果子吃。

最后，郑克塽向大清递上了投降书，表示愿意剃发归降。

康熙帝接到台湾的投降书后，龙颜大悦，他马上给郑克塽下了一道诏书："既然你们愿意率台湾人民回归祖国，朕一定会优待你们，如果你们有异心的话，朕绝不轻饶！"

康熙帝恩威并施，郑克塽等人当然再也不敢拖延迟误了。在公元1683年八月十三日这一天，郑克塽率领台湾父老迎接施琅水师登陆。十八日，郑克塽集团文武官员全部剃发。施琅出榜安民，抚慰百姓，孤悬海外的台湾岛，终于回到了祖国的怀抱。

鸿雁传书 HONGYAN CHUAN SHU

关于台湾，是弃是留呢

穿穿老师：

　　你好，朕是大清帝国皇帝爱新觉罗·玄烨。你知道，朕现在已经收复了台湾，但是，对于如何管理台湾，朝中大臣议论纷纷，争执不下。

　　比如，大臣李光地认为，台湾孤悬海外，原本只是一块不毛之地，台湾居民，祖籍大多也都在福建一带。所以，他建议把台湾民众迁往内陆，然后封关禁海，台湾弹丸之地，咱大清就不要了。

　　支持李光地的人有很多，朕现在也有点儿拿不定主意了，你说说，关于这台湾岛，是弃是留呢？

爱新觉罗·玄烨

尊敬的皇上：

　　您好，接到您的来信，草民真是受宠若惊啊，现在我的心还怦怦直跳呢！

　　关于台湾问题，我觉得您不能只听李光地一家之言。我听说施琅施大人就认为，台湾上接东南沿海，下连南洋诸岛，地理位置非常重要，不但不能舍弃，还应该在那里设置府县，这样才能永固边防，造福后代。

　　我觉得，在这件事上，施大人更有远见，您应该多听听他的意见！

《穿越报》编辑 穿穿

【最后，康熙听从施琅意见，在台湾设置一府三县，台湾府隶属福建省。】

名人有约 MINGREN YOU YUE

施琅 特约嘉宾

越越 大嘴记者

嘉宾简介：他收复了台湾，为大清立下不世之功，维护了祖国的统一和领土完整，却也因此留下了"汉奸"的骂名，他就是福建水师提督——大将军施琅！

越越：施大人您好，恭喜您收复台湾！现在您可是大清的第一红人啊！

施琅：（有些得意）呵呵，不敢当不敢当。

越越：不过民间看待这个事情挺奇怪的，同样是收复台湾，老百姓觉得郑成功是英雄，而把您看作"汉奸"，这是为什么呢？这差距也太大了吧？

施琅：可能大家认为，郑成功收复台湾，是为了大明，是"爱国"；我收复台湾，是为了大清，是"卖国"吧。

越越：唉，现在汉人都有"大明"情结，对您这种看法，一时半会儿也是没办法改变的了。

施琅：这是迂腐！明朝亡了这么久了，而大清朝气勃勃，跟着朝廷安安乐乐过日子不好吗？

越越：我们普通人有这种想法，还说得通。但施大人和我们不同啊，您和郑成功一样，有实力，振臂一呼，无数人响应啊！

施琅：我？别抬举我了。我不过是当过几年海盗而已。郑成功也是，大家都是同类。

越越：既是同类，为何要背叛他呢？

施琅：何来"背叛"一说？我最早的上级是他的父亲郑芝龙，并不是他。当年郑芝龙要降清，郑成功却一心

名人有约

拥明，害得他父亲被大清朝廷给杀了。是他背叛了他父亲，不是我背叛了他！

越越：可是郑芝龙死后，您不是加入了郑成功的队伍吗？

施琅：可他是怎么对我的呢？见我的影响力越来越大，就把我的父兄都杀了，这种人我怎么可能还与他继续为伍？

越越：既然不是一条道上的，那您登陆台湾后，为何还去告祭郑成功庙呢？

施琅：郑成功收复台湾，让台湾人过上好日子，对百姓是有功的，在这一点上，我钦佩他。至于我和他的私人恩怨，他人都死了，我又何必计较呢？

越越：（竖起大拇指）将军公私分明，以大局为重，这份胸襟气度，在下佩服！

施琅：（长叹一声）唉，我希望我那去世的父母也能理解我！

越越：嗯，一定会理解的。将军，现在既然已经收复了台湾，接下来台湾会有什么样的发展呢？

施琅：发展？别说发展了，朝廷那帮人居然主张把台湾给丢了！台湾虽小，但也是要害之处，而且荷兰那帮红毛无时无刻不在惦记这块地方，想乘机抢回去。

越越：是啊，要是把它丢了，日后必定会酿成大祸！

施琅：好在皇上听取了我的建议，设立了台湾府。

越越：太好了，以后我也能去台湾游玩了！

施琅：热烈欢迎！不过，千万不要携带其他家眷噢，尤其是广东人。

越越：啊，为何？

施琅：广东那边有很多"海盗"，而且大多数人都与郑氏一族有来往，所以必须禁止！

越越：啊……那以后两岸往来还是跟郑成功那时期一样不方便啊！

施琅：安全第一，方便第二。好了，不说了，现在台湾一半地儿都要给我交租，我还得赶去收租呢！

越越：啊……

广告铺

欢迎科技人才

近年来，皇上除了钻研汉学典籍外，还对天文学、几何学、物理学充满了兴趣，若你是医学、天文、数理、机械等方面的专业人才，不妨毛遂自荐，一旦得到皇上的赏识，将前途无量哦！

大清科学实验室

中国皇帝爱西学

尊敬的教皇，东方的中国皇帝深爱我们西方的文化，对我们传教士优待有加。请派遣更多的教士来华，尤其是懂天文、物理知识的传教士，中国皇帝特别喜欢他们，待遇也特别优厚。机会难得，请务必抓紧时间。

南怀仁

木兰围猎

在平三藩的过程中，我八旗子弟武备松懈，这种状态十分危险。因此，皇上决定在皇家猎苑——木兰围场进行狩猎活动，皇上希望能以身作则，警示大清八旗子弟，不要骄奢淫逸，要保持我大清贵族英勇善战的传统！

八旗都统府

（编者注：木兰为满语，其是"哨鹿"的意思，是捕鹿的一种工具及操作方法，即用桦树皮制成喇叭，由捕猎者吹奏、诱捕。）

穿越报
CHUANYUE BAO

第 8 期
公元1682年—公元1690年

打倒"大狗熊"

康熙火青

【烽火快报】
- 贪得无厌的"大狗熊"

【叱咤风云】
- 可恶的"罗刹鬼"
- 藤牌兵，大清国的奇特"兵种"
- 第二次雅克萨自卫反击战

【名人有约】
- 特约嘉宾：康熙帝

【广告铺】
- 诚招俄文通事
- 八天造出一个冲天炮

穿越必读 CHUANYUE BIDU

贪婪的沙皇俄国不断向东扩张，侵占了黑龙江流域的尼布楚和雅克萨，并且在那里烧杀抢掠，无恶不作。面对沙俄的入侵，康熙帝忍无可忍，他发下圣旨，先后两次组织雅克萨自卫反击战，狠狠地打击了嚣张的侵略者……

烽火快报 FENGHUO KUAIBAO

贪得无厌的"大狗熊"
——来自黑龙江边境的快报

来自黑龙江边境的快报！

在向台湾进军之前，在遥远的东北方，也有一个十分棘手的问题。

打开大清的地图，你会发现，在东北地区的北方，还有一个庞大的国家，这个国家就是沙皇俄国。

其实，在很久以前，沙俄的东部边疆在乌拉尔山一带，是一个地地道道的欧洲国家，与大清并不接壤。可是，沙俄这个国家一点儿都不安分，它像一只永远也吃不饱的"大狗熊"，一有机会，就想方设法向东扩张自己的领土。

就这样，这只"大狗熊"一口又一口，把亚洲北部的西伯利亚地区，渐渐吃到了"肚子"里。到了明朝末年，他们直盯着黑龙江这块"肥肉"，在一个叫"雅克萨"的地方安营扎寨，构筑工事，并以此为据点，在东北烧杀掳掠，无恶不作。

百姓们恨透了这些高鼻梁深眼窝的外国人，并把他们称作"罗刹"。

面对沙俄的步步进逼，康熙帝会怎么应对呢？

可恶的"罗刹鬼"

面对沙俄的挑衅，康熙帝强忍住了胸中的怒气。

咱们中国不是有这样一条原则嘛，叫做"怀柔远人"。也就是说，对远方的外族人民或外国人，尽量采取安抚的措施，以"和"为贵，这样才显示咱们华夏民族的博大胸怀。

动不动就打仗，不是一个明君、一个大国应有的风范。

所以，沙俄派使者来到北京的时候，康熙帝友好地接待了他们，还送了他们不少礼物，并再三向沙皇发去国书，表示——

我中华上国不想和你们一般见识，希望你们赶紧撤兵，不要再侵扰我边疆百姓，这样的话，中俄两国还可以互为友邦，否则的话，我大清天兵一到，定将你们杀得片甲不留！

可是，康熙帝渴望和平的心愿并没有实

叱咤风云 CHIZHA FENGYUN

现。沙俄方面一看大清皇帝想谈和,就得意洋洋地想,哈哈,这个康熙真是个好欺负的软骨头!于是,沙俄不但没有收敛自己的侵略行径,反而变本加厉了!

这一下,康熙帝彻底被惹火了,真是一群不识好歹的东西!为此,他采取了一系列措施,先是赴关东东巡,将东北尤其是黑龙江的情况了解了一下,同时,又派人以捕鹿为名,渡过黑龙江,将雅克萨的情况侦察了一番,并让当地人随时监视对方的行踪。

在一系列的屯垦、运输工作准备就绪后,康熙帝御笔一挥,发下了一道圣旨——向雅克萨进军!

百姓茶馆

BAIXING CHAGUAN

有香喷喷的鹿肉可以吃噢

铁匠老李： 哎呀，你们听说没有，皇上派大军向雅克萨进发了！太好了，终于可以教训教训这些沙俄侵略者了，他们简直太可恶了！

王秀才： 是啊！听说为了对付沙俄的火炮，皇上早就命人制鸟枪、铸大炮了，皇上还为红衣大炮起了一个威风凛凛的名字呢，叫"神威无敌大将军"！哈哈，你们等着瞧吧，咱大清一定能大获全胜，痛击侵略者！

李秀才： 咱大清实力雄厚，当然不怕那些"罗刹鬼"啦！不过，黑龙江地区天气寒冷，物资也比较缺乏，我有点儿担心将士们的吃饭问题呢，打仗最重要的是粮草嘛！

赵员外： 哎呀，这个你不用担心啦！皇上多聪明呀，他早就命人在前线屯粮啦，将士们吃饱肚子肯定没问题！而且我还听说，在向雅克萨进军途中，突然遇见了迁徙的鹿群，哇，有几万头鹿呢！大家赶忙狩猎，捕获了五千多头鹿呢！这下好了，将士们不但有充足的粮食，还有香喷喷的鹿肉可以吃呢！

叱咤风云 CHIZHA FENGYUN

藤牌兵，大清国的奇特"兵种"

大清军队来到了雅克萨，俄军头目托尔布津一看大事不妙，赶忙率队躲进了城中。

清军一拥而上，里三层外三层，把雅克萨城围了个水泄不通。

大清统帅彭春向托尔布津发出了用满、蒙、俄三种语言书写的信函，奉劝托尔布津，赶快献城投降！

可是，狡猾的托尔布津却躲在城中，死活不肯出来。他的如意算盘是等救兵！

果然，没过多久，有一支沙俄军队，他们乘着木筏，沿着黑龙江顺流而下，准备来营救托尔布津。

可是，大清军队却早有准备。在黑龙江上，埋伏着一支康熙帝特意派来的藤牌军！

为什么叫藤牌军呢，因为他们每人手中还有一件特殊的武器——藤牌！藤牌是用坚韧藤条编制而成的盾牌，有了这样的盾牌护身，藤牌兵简直是刀枪不入！值得一提的是，这支军队来自福建，非常擅长水战。

宽广辽阔的黑龙江成了藤牌兵表演的舞台。他们一个个手持刀枪，跳入水中，举着藤牌向沙俄援军的木筏游了过去。

沙俄援军一下慌了神，藤牌兵这样的奇特"兵种"，他们哪里见过呀！慌乱之中，他们拿起火枪，冲着江水胡乱射击起来。

可是，火枪弹药射到水中，马上就没了威力，再加上有藤牌护身，藤牌兵们一点儿事都没有。他们很快便游到了俄军的木筏旁边，举起刀剑向这些"罗刹鬼"的腿脚砍去！

这下"罗刹鬼"们可惨了，纷纷被砍落水中，藤牌兵们再补上一刀，就结果了他们的小命！没过多久，江上便漂满了敌人的尸体，侥幸没落水的俄军赶快乘筏逃走了。

没了救兵，雅克萨城中的托尔布津可傻眼了。就在他叫苦不迭的时候，耳边突然响起了惊天动地的炮火声——大清军队开始攻城了！

刹那间，雅克萨城中浓烟滚滚，火光冲天，城外大清将士的喊杀声震耳欲聋。托尔布津吓得面如土灰，到现在，这小子终于明白，大清国可不是好惹的，如果再不投降的话，恐怕小命就保不住了。

最后，托尔布津率领着"罗刹鬼"们灰溜溜地出了城，向大清将士举手投降。

雅克萨自卫反击战胜利了！

叱咤风云 CHIZHA FENGYUN

第二次雅克萨自卫反击战

托尔布津投降后,向大清将士们苦苦求饶,他发誓,以后再也不敢侵犯雅克萨了。

清军统帅彭春一看,既然这小子认了错,又想起临行前,皇上嘱咐自己要以宽容为本,不要乱杀人,就把这小子训斥了一顿,然后给放了。

接下来,清军将士捣毁了雅克萨的城堡,班师回朝了。

托尔布津呢,他侥幸活命,灰头土脸地跑回了尼布楚地区。就在这时,一个叫拜顿的小头目带领着一支沙俄军队,前来支援。

托尔布津一看来了援军,胆子又壮了起来,他把向大清

将士发下的誓言抛到了脑后,带领援军再次回到了雅克萨。

雅克萨的城堡虽然被毁,但是好在人多力量大,托尔布津指挥手下,在废墟上又建了一座更加坚固的城堡。

由于上次吃了大亏,这一次,托尔布津一点儿也不敢马虎了,他在城中储备了大量的粮食和弹药,在城上架起了大炮,在城外挖了壕沟,还竖起了高高的栅栏。

得知托尔布津重回雅克萨的消息后,黑龙江将军萨布素不敢怠慢,马上给康熙帝写了奏折。

康熙帝看了奏折,又命人去前线打探虚实,得到确定的消息后,康熙帝非常生气。于是,在1686年的二月,康熙帝再次下了一道圣旨——命黑龙江将军萨布素等人,率手下两千余人,再次攻取雅克萨!

在这一年的五月底,萨布素率军抵达雅克萨,七月二十四日,萨布素一声令下,清军再一次对雅克萨展开了围攻。

这一次,托尔布津仗着自己城中弹药和粮食都很充足,坚

叱咤风云 CHIZHA FENGYUN

守不出。就这样，双方陷入了僵持状态。

不过，大清将士们一点儿也不慌，原因很简单嘛，你俄军既然死守，那我们就围城呗，只要切断你的水源，时间久了，城中缺水缺粮缺弹药，困也把你们困死了！

清军的围城战术很奏效，雅克萨城中的俄军很快就陷入了慌乱。到了八月中旬，清军突然向雅克萨城中开炮，炮火非常猛烈。托尔布津这次可倒了大霉了，他被炮火击中，右腿被炸断了，血流不止，几天后就死去了。

小头目拜顿接替了托尔布津，继续率俄军顽抗。大清将士一看，好吧，既然不投降，那就继续围城呗！

转眼就到了十月份。大家想想，黑龙江地区的十月份，那可是天寒地冻啊，城中的俄军没有棉衣，一个个冻得瑟瑟发抖！

更惨的是，雅克萨城中又流行起了坏血病。很快，城中七八百名"罗刹鬼"，最后就剩一百多人了。

这时的雅克萨城，可以说是不攻自破了。

沙俄方面终于服软了。最后，中俄双方开始互派使节，准备进行和平谈判。

就这样，两次雅克萨自卫反击战都以中国胜利告终，极大地打击了侵略者的嚣张气焰。

嘻哈园

鸿雁传书　MINGREN YOU YUE

签订《尼布楚条约》

穿穿老师：

　　你好，我是领侍卫内大臣索额图，现在，我奉皇上圣旨，率领大清谈判团来到了东北中俄边境的尼布楚，与沙俄进行谈判。可是，谈判进行得并不顺利，我现在很苦恼啊！

　　事情是这样的，俄方提出，中俄以黑龙江为界，江北归俄国。可是我认为，双方应该以雅库茨克为界，尼布楚归大清。为了这一点，现在我们争执不下，迟迟没有结果。我真担心，如果这次谈判失利了，我会成为大清的罪人，留下千古骂名，我好怕啊！

索额图

尊敬的索大人：

　　您好，您的来信已拜读，这些天来，我也很关注中俄之间的谈判呢！

　　对于您现在的心情，我表示充分理解，您力争保全咱大清每一寸领土的做法，一定会光耀史册的！

　　不过，据说您临行前，皇上曾经私下交代您，如果万不得已，可以做出让步，放弃尼布楚，只收回雅克萨就可以了。现在，蒙古部的噶尔丹蠢蠢欲动，皇上想尽快和沙俄签订和平条约，全力解决蒙古问题。皇上的苦心，您也要多多体察啊！

《穿越报》编辑

【公元1689年，索额图做出让步，代表大清帝国与沙俄签订了《尼布楚条约》，划定了中俄远东边界。这是一次独立自主的外交活动，《尼布楚条约》是大清与外国签订的第一个平等条约。】

名人有约

MINGREN YOU YUE

越越 大嘴记者

康熙帝 特约嘉宾

嘉宾简介： 他八岁登基，十四岁亲政，这些年来，他铲除鳌拜、平定三藩、收复台湾，又打退了沙俄侵略者，他是那么的英武神明，他是那么的有雄才大略，还用再多说嘛，没错，他就是大清国的仁君圣主——康熙皇帝！

越越：皇上，恭贺您成功打退了老毛子，取得了雅克萨之战的胜利！

康熙：（有些得意）呵呵，那些洋鬼子除了长得吓人，没什么了不起的，打败他们就像掐死一只蚊子一样容易。

越越：皇上所言极是。不过，据奴才所知，您为了对付沙俄，还是费了不少心思的，在开战之前，您就曾三次巡视东北，视察军情，为了咱大清国，您真是不辞辛劳啊！

康熙：朕年富力强，出趟远门巡视一下边疆，这不算什么。再说了，东北可是我大清龙兴之地，岂能容那些洋鬼子嚣张！

越越：皇上说的是！那么请问皇上，您一路北巡，都有什么有趣的见闻吗？

康熙：（想了想）一路上当然有很多见闻啦，我大清山河锦绣，到处都是美丽风光啊！尤其那松花江，波涛滚滚、奔流不息，朕泛舟江上，真是壮怀不已、诗兴大发啊！为此，朕作了一首诗：松花江，江水清，夜来雨过春涛生，浪花叠锦绣縠（hú）明……松花江，江水清，浩浩翰翰冲波行，云霞万里开澄泓……

越越：啧啧，皇上，您这文笔真是

127

名人有约 MINGREN YOU YUE

顶呱呱啊！不愧是风流天子，奴才真是太佩服了！

康熙：你这小记者，嘴巴够甜的，不过，你这马屁倒是拍得不错！但话说回来，游山玩水吟诗作对，那都是闲情逸致罢了，朕出巡东北，关键还是为了考察军情。不过还好，朕得到了一张黑龙江流域的地图，在这张地图上，标注了东北地区所有的城堡。有了这张图，前方将士制定作战计划就容易多了，这样朕才能放心。

越越：皇上圣明！怪不得咱们打了大胜仗，原来都是靠皇上这张地图啊！

康熙：话不能这么说，朕只是尽了微薄之力而已，雅克萨之战能取得胜利，全靠我大清将士奋勇争先，舍身杀敌啊！

越越：皇上您太谦虚了！说到前方将士，大家都对藤牌兵很感兴趣呢！他们在黑龙江大败敌兵，真是威风八面呢！能给我们讲一讲藤牌兵吗？

康熙：藤牌兵杀敌的事情，想必大家都听说了，那我就讲讲这支军队的来历吧。其实，咱大清本来是没有这个兵种的，藤牌兵的老首长是台湾延平郡王郑成功！郑成功生前，一手操练了这样一支神奇的军队，后来，朕收复了台湾，这支藤牌兵就归顺大清了。朕当初得到这支军队的时候，心里别提多高兴了！

越越：原来是这样啊！不过我认为，正是因为皇上英明，大家才愿意为您效命嘛！真遗憾，时间过得太快了，奴才的采访要结束了，祝皇上万事如意，每天都有好心情！

康熙：好了，下去领赏吧！

广告铺

诚招俄文通事

为促进与俄国的交流，现特面向民间诚聘俄语通事（即翻译）若干名，要求如下：

1. 精通俄文、满文、汉文，还懂拉丁语更好；
2. 形象好，气质佳，能说会道，理解能力强；
3. 能做同声传译的优先（方便开会发言）；
4. 限男性（女人就不要出来抛头露面了）。

有符合以上要求的俄国人或精通俄文的汉人或旗人，请到我院报名。我院将对您进行笔试和面试，考试通过后，一切待遇从优。

大清理藩院

八天造出一个冲天炮

南怀仁曾向朕夸口，说"冲天炮"只有他们比利时人才能制造，结果花了一年时间都没有造出来，然而，我们自己的大炮专家戴梓，只花了八天时间就造成了。经试验，该炮火力威猛，弹无虚发，给我们大清长了脸。以后，就把这个大炮叫做"威远大将军"吧！戴梓是它的发明者，要把他的名字也镌刻在上面，以示纪念和嘉奖！

康熙帝

（编者注：戴梓的才华遭到南怀仁的妒忌，不久后，他诬陷戴梓"私通东洋"，戴梓被康熙帝流放。从此，戴梓靠卖字画为生。）

第9期
公元1690年—公元1697年

亲征噶尔丹

穿越报
CHUANYUE BAO

【烽火快报】
- 皇上要御驾亲征了！

【绝密档案】
- 噶尔丹是何许人也？

【叱咤风云】
- "驼城"是个什么东西？
- 皇上是个神箭手
- 众叛亲离的噶尔丹，服毒自尽了

【名人有约】
- 特约嘉宾：噶尔丹

【广告铺】
- 太监也要读书
- 民谣一首
- 寻好书
- 纪念太皇太后逝世五周年

【智者为王】
- 第3关

穿越必读 CHUANYUE BIDU

在遥远的蒙古草原上，崛起了一个新的部落——准噶尔部。准噶尔部的首领噶尔丹是个很有野心的人物，他在沙俄唆使下，驱赶蒙古各部族，反叛清朝政府，成了北方边境的一大祸患。康熙帝当然不能容忍噶尔丹分裂祖国的叛乱行为，他决定御驾亲征，平定边患……

烽火快报
FENGHUO KUAIBAO

皇上要御驾亲征了！
——来自准噶尔的加急快报

与沙俄签订了《中俄尼布楚条约》，确定了双方的边界后，康熙帝心里的一块石头终于落了地。可是，还没高兴几天呢，北边的蒙古草原就出事了。

公元1690年五月，蒙古准噶尔部的首领噶尔丹竟然口出狂言："圣上君南方，我长北方。"这是什么意思呢？意思是，南方的土地归皇上你，北方的土地归我。而且他现在已经率军南下，穿过呼伦贝尔草原，到达离京城只有七百里的乌兰布通了！

康熙帝生气极了，这个噶尔丹，一直以来就在蒙古地区捣乱，现在闹得动静越来越大了，看来，必须要好好教训教训他不可！

不过，和平三藩、收台湾、抗击沙俄不同，这一次，康熙帝毅然决定，亲自出马，御驾亲征！

一个小小的蒙古部落首领，为何让我们的皇上如此大动干戈呢？请看本报接下来的报道。

> 来自准噶尔的加急快报！

绝密档案 JUEMI DANGAN

噶尔丹是何许人也？

这个噶尔丹，究竟是何许人也呢？让我们皇上气成这样？为了揭开他的身世，本报记者深入大漠，了解到一些绝密信息。

大家知道，如今的蒙古部落分为漠北蒙古、漠南蒙古和漠西蒙古。而准噶尔就是漠西蒙古的一支，居住在我国西北方伊犁一带。

噶尔丹的老爸曾经是准噶尔部的老大。噶尔丹出生后，被老爸送到了西藏，在那里做了喇嘛。噶尔丹的老爸去世后，把老大的位子传给了噶尔丹的哥哥僧格。可是没过多久，准噶尔内部发生了暴乱，僧格被人杀死了。

噶尔丹一看哥哥死了，马上回到了准噶尔部。你还别说，噶尔丹确实有两下子，他该杀的杀，该囚禁的囚禁，很快便平息了暴乱，自己当上了老大。

按说，当上了老大，噶尔丹该满足了吧？当然不可能了，噶尔丹的野心可大了，他不仅要当准噶尔部的老大，还想当漠西蒙古的老大，还想吞并漠北蒙古、漠南蒙古，做整个蒙古部落的老大；要是当了整个蒙古部落的老大呢，嘿嘿，他还想学他的祖先成吉思汗，当更厉害的老大。

于是，他带领着准噶尔部，在蒙古地区到处抢劫、杀戮，把整个草原搞得乌烟瘴气，现在，居然还把靶子对准了康熙，你说康熙帝生不生气！

好小子，不给你点颜色不知道我的厉害，等着瞧吧！

"驼城"是个什么东西？

康熙帝命裕亲王福全率西路军，恭亲王常宁率东路军，自己亲率中路军，兵分三路，征讨噶尔丹！

在乌兰布通，裕亲王福全率领着大队人马，遇到了噶尔丹。康熙帝得知后，马上给福全下令——出击，消灭噶尔丹！

可是，面对大清的军队，噶尔丹一点儿都不慌，为什么呢？因为他有一个秘密武器——"驼城"！

原来，噶尔丹命人弄来上万头骆驼，并把骆驼的四只脚都绑住，让可怜的骆驼伏在地上，然后在驼背上放上箱子，再用湿毛毯裹住。这些骆驼排列在一起，就成了一座"驼城"。噶尔丹的军队就躲在"驼城"后面，从箱垛之间的缝隙射箭和开枪。

噶尔丹很得意，他觉得有了"驼城"，就一定能阻挡住清军的进攻。

可是，噶尔丹完全失算了。裕亲王福全一看敌人摆出了"驼城"，就传下命令，让大家用火枪火炮，对准"驼城"的某一部分，集中轰击。

这一下，由于清军的火力都集中于一点，"驼城"马上被轰开了一个缺口。清军一看机会来了，大家一起发起了进攻。"驼城"有了缺口，再也无法抵挡了，噶尔丹的叛军被杀得七零八落，哭爹喊娘。

就这样，噶尔丹吃了个大败仗，灰溜溜地逃走了。

百姓茶馆

噶尔丹的谎言

太好了,乌兰布通之战,咱大清大获全胜呢!不过,也有坏消息,国舅爷佟国纲在作战时,中了冷枪,以身殉职了,真是太可惜了!

卖烧饼的小王

我咋也想不通,蒙古兵已经被打残了,可怎么还是让噶尔丹这小子给跑掉了呢?

卖鸭梨的老李

噶尔丹这小子还是很狡猾的!我听说,这小子打了败仗后,就托一个叫济隆的西藏使者来讲和,济隆对裕亲王福全说,噶尔丹已经对着佛像发誓,再也不敢起兵捣乱了。结果,福全上当了,听信了噶尔丹的谎言!实际上,这只是噶尔丹的缓兵之计!这小子利用裕亲王犹豫不决的时候,偷偷带着人连夜逃跑了!

张员外

是啊,福全真不该听信噶尔丹的谎言啊!皇上见福全按兵不动,就发觉其中有文章,他派人给福全送去信,命他马上出击,千万不要中了敌人的奸计!可是,等福全醒悟过来,再去追杀噶尔丹时,哪里还找得着人啊!

刘举人

叱咤风云 CHIZHA FENGYUN

皇上是个神箭手

噶尔丹在蒙古地区四处作乱，干的坏事之一，就是驱逐和侵占漠北蒙古部落。

漠北蒙古受到噶尔丹的迫害之后，只得离开他们的牧区，在长城一带流浪。漠北蒙古原本是游牧民族，离开了自己的草原，生活变得非常困难，经常吃不饱肚子。

不光如此，漠北蒙古内部的两个部落之间还有着很大的矛盾，一时间，漠北蒙古部落乱成了一锅粥。

漠北蒙古有一位土谢图汗，还有一位宗教领袖哲布尊丹巴呼图克图，这两个人凑在一起商量——现在被噶尔丹逼得走投无路，是去投靠沙俄沙皇，还是去投靠大清皇帝康熙呢？

哲布尊丹巴呼图克图想了又想，最后说："大清皇帝尊奉喇嘛教，又一直对我们很友善，我

们还是去投靠康熙陛下吧！"

于是，他们写信向大清朝廷诉说了自己的委屈，康熙帝很同情他们，就让他们带领牧民们到科尔沁草原放牧。

面对漠北蒙古出现的各种问题，康熙帝决定亲自到塞外去，主持会盟，安抚漠北蒙古，调解他们的纠纷。

公元1691年四月，康熙帝率官兵来到了距离北京八百里的多伦诺尔。大清皇帝到来的消息，马上在漠北蒙古部落中传开了。大家都非常兴奋，漠北蒙古的贵族王公都前来参加这次会盟。

这次会盟热烈极了。会盟时，举行了盛大的宴会，大家又是喝酒，又是跳舞，康熙帝还册封了漠北蒙古的很多贵族。

会盟还有一个非常重要的项目，就是阅兵。在这次阅兵仪式上，康熙帝兴致大发，他戴上头盔，穿上铠甲，骑上骏马，就像一名久经沙场的大将一样。康熙帝策马飞奔，弯弓搭箭，连续射了十箭，竟然九箭命中靶心！

蒙古贵族们一看，都惊讶地张大了嘴巴，没想到文质彬彬的皇帝陛下，竟然还是一位百步穿杨的神箭手！此时场下掌声雷动，并大声高呼着："皇上神武啊！"

多伦会盟圆满结束了。通过这次会盟，康熙帝稳定和团结了漠北蒙古，加强了对他们的管理，同时，也更加孤立了作恶多端的噶尔丹。接下来，康熙帝要再次对噶尔丹动手了！

鸿雁传书 HONGYAN CHUAN SHU

呜呜呜，我老婆死了

穿穿老师：

你好，我是准噶尔部的老大噶尔丹，最近一段时间，我的生活好凄惨啊！

前不久，康熙第二次御驾亲征，我心里很害怕，希望沙俄和西藏方面都会派兵来帮我，可是，我的希望落空了，关键时刻，他们竟然按兵不动！

没办法，我只得咬牙和清兵展开了大战。可是，康熙太狡猾了，他们假装打不过我，边打边退，把我引诱到一个叫昭莫多的地方。哪知道，他们早就做好了准备，在昭莫多向我发动了总攻！我的大军被打了个落花流水啊，不仅如此，连我的爱妻阿奴也在混战中死去了！呜呜呜，我的心都快碎了，我好难过啊！

噶尔丹

噶尔丹大人：

我们对你的遭遇表示同情，但由于你之前的行为实在是过分，所以，你的来信我已经呈给当今圣主康熙了，皇上命我给你回信，只想向你表明一点——马上投降，诚恳认错，发誓再不起兵扰乱边境！

至于你兵败也好，老婆阵亡也好，那其实都是你自找的！你想想，这些年来，你暗中勾结沙俄，侵占蒙古各部，闹得北方边境鸡犬不宁，你的行为，严重破坏了民族团结、国家统一！我劝你还是好自为之吧，如果再不悔改，你一定不会有好下场的！

《穿越报》编辑 穿穿

【公元1696年，康熙帝第二次亲征，在昭莫多之战中大败噶尔丹。】

众叛亲离的噶尔丹，服毒自尽了

公元1697年，康熙帝第三次踏上了征途。这一次，他暗下决心，一定要彻底消灭噶尔丹，根除这股民族分裂势力。

噶尔丹呢，他经过前两次大败，现在身边只剩下一些残兵败将了。一听说康熙再一次御驾亲征，他的第一个念头就是逃跑！

可是，他又能往哪逃呢？康熙帝已经在边境线上布下了天罗地网，噶尔丹跑来跑去，却怎么也逃不出包围圈。

眼看粮食就要吃光了，噶尔丹就派儿子赛卜腾巴珠去新疆的哈密地区征粮。可是，哈密的维吾尔族首领早就看不惯噶尔丹了，赛卜腾巴珠一去，马上就逮捕了他。

不但儿子被抓，噶尔丹的手下也不愿跟着他等死了，越来越多的人背叛了他，悄悄地溜走了。

这时的噶尔丹陷入了众叛亲离的绝境，他的身边只剩下几个随从，跟着他在大漠里流窜。

虽然还没有抓住噶尔丹，但康熙帝明白，这小子已经是穷途末路了。康熙帝对身边的大臣说："噶尔丹已经无路可逃了，现在他的下场只有三种——要么投降，要么被抓，要么自尽！"

康熙帝的预言果然没错，这一年的三月十三日，噶尔丹在四面楚歌的情况下，服毒自尽。为期数年的噶尔丹之乱，终于平定了。

名人有约 MINGREN YOU YUE

越越 大嘴记者

噶尔丹 特约嘉宾

嘉宾简介： 他出生在蒙古草原，是准噶尔部的新领袖。野心勃勃的他，四处征战，为了自己的利益，把西北边疆都拖进了战乱之中。他就是飞扬跋扈、不可一世的草原枭雄——噶尔丹！

越　越：噶尔丹大人你好！

噶尔丹：（瞪眼）小记者，请叫我"博硕克图汗"！

越　越：博硕克图汗？什么意思？

噶尔丹：嘿，这可是我的封号！

越　越：（撇撇嘴）那皇上授予你这个封号了吗？

噶尔丹：（大怒）虽然不是康熙授予的，但这个名号，起码康熙曾经默许了！

越　越：嗯？是吗？

噶尔丹：当然了！当年我自称"博硕克图汗"，命人带了锁子甲、鸟枪、马、骆驼等物去北京给康熙进贡，康熙当时接受了我的贡品！

越　越：那又怎么样呢？

噶尔丹：按照惯例，如果在我称汗的情况下，皇帝依然接受我的贡品，就说明他默许并承认了我的名号和地位！

越　越：噢，原来是这样啊！让我想一想……（眼睛转了转）噢，我明白了，你知道皇上为什么允许你擅自称汗吗？

噶尔丹：（很得意）哈哈，那还用说，当然是怕我呗！

越　越：哼，才不是呢！皇上分明是以大局为重，想稳住你！不就是称个汗嘛，虚名而已，皇上怀着一颗宽容之心，只要你不造反闹事，皇上就不会和你一般见识的！你呀，上了皇上的当啦！

名人有约

噶尔丹：（陷入了沉思，有醒悟状）是啊，这康熙可真够狡猾的，一个小花招儿就把我稳住了，我当时还真以为他很相信我呢！

越越：哈哈，我们大清的康熙帝多聪明呀！不过，你刚才说什么来着，你竟然还给皇上进过贡啊？你不是一直想造反吗？

噶尔丹：嘿嘿，康熙聪明，难道我就傻吗？这些年来，我一直虚情假意地向康熙进贡，面对康熙派来的使臣，我还特别谦逊地对他说，我一定不会自外于中华皇帝，一定会永远效忠康熙陛下的！嘿嘿，其实，我一直都在骗康熙呢！暗地里，我讨好勾结沙俄，随时准备起兵呢！

越越：哼，你以为你的所作所为，能够逃过皇上的眼睛吗？皇上早就提防着你啦！不过我就奇怪了，你想造反也就算了，人家漠北蒙古是你的同族兄弟，你怎么对他们也赶尽杀绝啊？

噶尔丹：哼，他们的牧区水草丰美，我当然想据为己有了！再说了，有一次，我想攻打漠北蒙古的土谢图汗，结果被他识破了我的计谋，最后我的弟弟多尔济扎卜被他杀了！你说说，我能不恨他们吗？

越越：你可真不讲理，明明是你用阴谋诡计害人，结果偷鸡不成反蚀把米，你的弟弟死了，那是罪有应得！你不但不反思自己，还去怨恨别人！

噶尔丹：哼，我是堂堂博硕克图汗，一代草原雄主，我想怎么样就怎么样！

越越：（皱眉，撇嘴）呃，你妄自尊大，真是无药可救了！算了，不和你说那么多了，我的采访到此为止吧！

（本次采访于噶尔丹自尽之前。）

141

广告铺

太监也要读书

没文化是一件可怕的事情，即使是太监，也应该读书识字。为响应皇上号召，现招收若干太监读书学习，本期名额有限，有意者请速速报名，名满自动进入下期学习。

内监官学

民谣一首

天要平，杀老明；天要安，杀索三。

（编者注：老明指纳兰明珠，索三指索额图。）

寻好书

据说陈梦雷主编的《古今图书汇编》包罗万象、囊括古今，无论是飞禽走兽、花鸟鱼虫，还是历史事件和人物，乃至文学、乐律等，无不涉及，可说是一部震惊天下的奇书。然而本书至今未能出版，不知哪位有这本书的消息，本人愿出高价购买，一睹为快。

书店牛老板

纪念太皇太后逝世五周年

她来自美丽的科尔沁大草原，比她美丽的人，没有她智慧；比她智慧的人，没有她美丽。她是一位慈爱稳重的老祖母，也是一位是杰出的女政治家。她辅佐了两代皇帝，对大清江山有着卓越的贡献。她的贤德，恐怕只有宋朝的仁宣太后才比得上。大清的人们将永远把她记在心里！

孝庄太后粉丝团记于1692年

智者为王 ZHIZHE WEI WANG

第3关

智者无敌 王者为大

1. 康熙任命谁为福建水师提督？
2. 郑成功死后，台湾的"一把手"是谁？
3. 在大陆和台湾岛之间，有一座什么岛？
4. "破肚将军"和"独眼主帅"分别指谁？
5. 台湾是哪一年被施琅收复的？
6. 木兰围猎中的"木兰"指的是一种植物吗？
7. 东北百姓把沙俄侵略者叫做什么？
8. 第一次雅克萨之战，大清的统帅是谁？
9. 在第一次雅克萨之战中，清军的秘密武器是什么？
10. 雅克萨之战后，清朝与沙俄签订了什么合约？
11. 谁只用八天时间就造出了威力无穷的冲天炮？
12. 噶尔丹是哪个部落的首领？
13. 为了对付噶尔丹，康熙帝亲征了几次？
14. 《古今图书汇编》的作者是谁？
15. 孝庄太皇太后是哪一年去世的？

第10期

公元1684年—公元1707年

康熙南巡

穿越报
CHUANYUE BAO

【烽火快报】
- 皇帝南巡，亲自视察治河情况

【绝密档案】
- 新河道总督上任了

【叱咤风云】
- 康熙被泼了盆"冷水"
- 大清皇帝成了孔子的"粉丝"

【文化广场】
- 《全唐诗》：史上最完备的唐诗集

【名人有约】
- 特约嘉宾：康熙帝

【广告铺】
- 关于治河经费的规定
- 不许无故干扰商人
- 最后的诀别

穿越必读 CHUANYUE BIDU

黄河弯弯曲曲，流经整个中国北方，是中华文明的发源地。然而，由于各种原因，黄河极易泛滥，给两岸百姓带来深重的灾难。因此康熙帝把治理黄河当作一件大事来抓，甚至为了它六次南巡，而黄河这一治就是二十多年……

FENGHUO KUAIBAO 烽火快报

皇帝南巡，亲自视察治河情况
——来自南巡途中的特大快报

平定三藩、收复台湾之后，大家都以为，这下康熙皇帝该松口气了吧！出乎意料的是，他又把目光投向了黄河，并开始准备南巡了。

这么多年来，黄河总是时不时决堤，给两岸人们带来了深重的灾难。据统计，顺治帝在位的十八年里，黄河一共决堤了二十多次。而康熙帝即位后短短十五年里，黄河竟然决堤了四十五次。平均每年三次，可见黄河决堤问题越来越严重了。

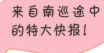
来自南巡途中的特大快报！

因此，康熙帝非常关心治理黄河的问题，还把治河、漕运、平三藩三件大事写在牌子上，挂在金銮殿里，用来时时刻刻提醒自己。在这期间，康熙帝也对黄河进行过小规模的治理，后来，由于三藩之乱爆发，他才不得不将治河的事情暂时放到一边。

直到1676年，黄河再次决堤，而且这次带来的后果比以往更加严重。康熙帝才派了个叫靳（jìn）辅的官员前去治理。

而事隔八年，靳辅的工作做得怎么样了呢？黄河现在是什么样子了呢？本报记者正跟随皇上的队伍，去往黄河两岸，请大家继续关注本报报道！

绝密档案 JUEMI DANGAN

新河道总督上任了

为什么事隔八年，康熙帝才想起要去检查一下靳辅的治河情况呢？这事得从1676年的黄河决堤说起了。

1676年的夏天，由于阴雨连绵，黄河水势暴涨，河水涌入洪泽湖，导致洪泽湖大堤决口，使整个扬州变成了一片汪洋大海，淹死了无数百姓。除此之外，黄河还在宿迁、清河、安东、山阳等多处决口。

治理黄河，已经刻不容缓！

康熙帝立刻任命一个叫靳辅的官员为河道总督，叫他去治理黄河。

靳辅上任后，立刻马不停蹄地奔向宿迁，向当地官员了解过去的治理情况。除此以外，他还去向黄河两岸的百姓了解情况。很快，靳辅整理出一套详细的治理方案，预计要花两百多万两白银，征调几十万名民夫。

JUEMI DANGAN 绝密档案

无论是银子还是民夫，都不是一个小数目！为此，康熙帝召开了一个紧急会议。在会议上，有大臣指出，不就是治理一条河嘛，有必要花那么多钱吗？更何况，还要征调那么多民夫。民夫一多，就容易闹事。不如先拣紧要的地方，比如连接京杭大运河那段治理，其他地方可以慢慢来。

靳辅不干了，说："以前的河道总督就是这样，只管运河畅通，不管其他地方泛滥。这样做是治标不治本，没法从根本上解决黄河泛滥问题。要根治水患，就必须将黄河、淮河与运河看作一个整体，进行全面治理。"

康熙帝认为靳辅说的有道理，便拨给他二百五十万两白银，叫他放手去干。

靳辅拿到钱，兴高采烈地去治理黄河了。他调动数万民工，每天从早干到晚，通河道、挖泥土、修河堤，忙得热火朝天。

靳辅在黄河边上累死累活，一些官员在京城也没闲着。他们本来就对靳辅治河不满，再加上靳辅治理了几年，

似乎没什么成效，就跑到皇帝跟前告靳辅的状，说他治河无功，白白浪费银子，请求将他治罪。

靳辅不服气，说治理黄河不是请客吃饭，是一项关系民生的大工程，须得几年之后才能见成效。

听了两方的争辩，康熙帝又选择相信靳辅，叫他放宽心，继续治河。

公元1681年，黄河先后又在徐家湾、萧家渡决口了，一个叫崔维雅的官员又跑去告靳辅的状，要求将他革职查办，还提出了一些自己的治河主张。

该怎么处理这事儿呢？康熙帝想了想，决定让户部尚书等人带着崔维雅去黄河两岸走一遭。一行人来到江南，实地考察了一番后，回京复命去了。

户部尚书认为，靳辅的工程目前虽然不是很牢固，但崔维雅的方案也未必行。再加上靳辅拍着胸脯保证，决口的地方，来年一定堵上。于是，康熙帝选择再相信靳辅一次，决定再给他一些时间。

可是，在靳辅治河期间，弹劾他的大臣一刻也没消停过。时间一长，康熙帝心里也有些没底，这个靳辅每天都在干些什么？他到底把黄河治理成什么样子了？

于是公元1684年，康熙皇帝决定南巡，亲自去黄河两岸视察情况，顺便探访民间疾苦。

XIHA YUAN 嘻哈园

康熙被泼了盆"冷水"

在一个秋高气爽的日子里，南巡的队伍浩浩荡荡地从京城出发了。康熙帝一路南下，来到江苏宿迁，登上黄河大堤。只见高高的大堤坚固又厚实，康熙帝的心情十分舒畅。可当他继续南行，发现下游的一些低洼地区还是被水淹了，老百姓的房子、田地都浸泡在水里面，心里很不是滋味。

南巡回来后，康熙帝眉头紧锁：不行，必须疏浚入海口，让河水流进大海，这样才能彻底杜绝下游的水灾。康熙帝将这件事交给安徽按察使于成龙去办（此于成龙并非历史上有名的清官于成龙）。

康熙帝亲自巡察黄河，为民谋福利，派于成龙治河，于成龙自然拍着胸脯说保证完成任务。可靳辅却泼来一盆冷水，说万万不可疏浚海口，因为下游低洼处比海面还低五尺，一旦疏浚海口，势必会引起海水倒灌，到时将引发更大的灾难。

于是，就到底要不要疏浚海口一事，康熙帝先后召开了多次会议。终于，公元1688年，会议经讨论决定，海口，一定要疏浚；至于靳辅，革职查办！

之后，康熙帝任王新命为新河道总督，朝廷里也刮起了一股反靳风，甚至有人提出，将靳辅已完成的工程全部废掉，从头再来。那么，靳辅花了七八年时间辛苦建好的各项治河工程，会这样毁于一旦吗？本报将继续为您跟踪报道。

BAIXING CHAGUAN 百姓茶馆

黄河的脾气不好治

这黄河，都说是中华文明的发源地，是中华儿女的母亲河，可为什么脾气这么坏，动不动就泛滥呢？

棉农庞小六

这你都不知道吗？黄河流经中游黄土高原的时候，挟带了大量泥沙。到了下游，河道变得开阔，水流也减缓了，泥沙便层层堆积起来，使河床不断增高。这时，就必须修筑河堤，将河水束缚住，不让它泛滥成灾。但河堤年久失修，到了雨季、汛期，就非常容易决堤，一旦决堤，河水就自然会泛滥了。

书生小鱼

原来如此，可自明末以来，天下战乱不断，朝廷根本没有工夫管黄河。现在有人管了，也管得好好的，怎么就把他撤了呢？这河道要是没人管，大家不就又遭殃了吗？

货郎老李

某私塾先生

放心吧，黄河泛滥，损害的不光是咱老百姓的利益，也关系着朝廷的命运呢。你想想，黄河与淮河、京杭大运河相连，一旦黄河泛滥，这两条河也会跟着泛滥。尤其是京杭大运河，那可是南北交通要道，南方的粮食啊、木材啊，都得通过它运到京城去。一旦航道受阻，京城里的大官们还不得饿死。所以，过不了多久，朝廷还会派人来治理黄河的。

鸿雁传书 HONGYAN CHUAN SHU

朕冤枉靳辅了

穿穿老师：

你好，前段时间，因为疏浚海口一事，朕将河道总督靳辅革了职。套用一句俗语：墙倒众人推。如今朝堂中尽是些反对靳辅的人，还有人对靳辅的工程全盘否定，要求摧毁旧的工程，启用新方案。

为此，朕又派人去将靳辅的工程考察了一番，他们回来后，对靳辅的评价还不错，朕也觉靳辅没那些大臣说的那么差。至少在他任职期间，京杭大运河是从没出过问题的，漕船（编者注：漕船是朝廷调运粮草的船只）也从未延误过。而这些都是靳辅的功劳啊！

为了治河工程的事，朕决定再次南巡。这一次，朕看到了另一番光景。一路上，江、淮百姓都对靳辅感恩戴德、赞不绝口，而且，朕也亲眼见到了靳辅建造的工程给百姓带来的好处。

唉，朕一时糊涂，将他撤职，是朕错了。如今朕想将他官复原职，叫他继续治理黄河，可现任河道总督王新命又没犯什么错，朕怎好将他撤职？

穿穿老师，你说朕该如何是好？

大清皇帝爱新觉罗·玄烨

皇上：

您好。皇上明察秋毫，为靳辅洗刷冤情，真不愧是一代明君。我也觉得靳辅治河治得不错，应该将他官复原职。至于王新命，我听说这人既专横又贪财，不是什么好人，皇上还是早早将他撤职查办的好。

《穿越报》编辑 穿穿

【公元1692年，王新命因勒取库银，被康熙帝撤职，接着，康熙帝恢复了靳辅河道总督的职位，叫他继续治理黄河。然而靳辅已经年老力衰，没两年就病死了。】

大清皇帝成了孔子的"粉丝"

公元1684年十一月，康熙皇帝南巡途经曲阜的时候，特意停下脚步，去孔庙对孔子祭拜了一番。

据知情人士透露，康熙帝进入孔庙后，先是对孔子像行了三跪九叩大礼，接着，去诗礼堂听先生讲了《大学》第一章后，又去了孔子讲学的地方，观看了孔子亲手栽植的桧树，还从孔井里打水喝，康熙帝对孔子的崇拜之情溢于言表。

除此之外，康熙帝还赐了一块"万世师表"的匾额，挂在殿中，意思是说孔子是值得永远学习的表率。

很多人觉得奇怪，康熙是满族皇帝，孔子是汉族圣人，这两人根本就不搭边，康熙怎么这么尊崇孔子呢？

原因很简单，因为孔子是儒家学说的祖师爷，而康熙呢，可以算得上是儒家学说的忠实粉丝了。早在刚刚亲政的时候，他就采纳汉族官员的建议，在全国推行儒家学说。为了做表率，康熙在宫里虔心斋戒了一番，然后领着亲王、大臣们浩浩荡荡地来到太学，在孔子位前行三跪九叩礼。

康熙推行儒学，这对汉族人来说可是一个大好消息。汉族人骑马射箭比不上满族人，可要论起儒学来，汉族人才是正宗行家。所以呢，那些满腹经纶的汉人学子们，这下再也不用担心得不到朝廷的重用啦。

当然，有人欢乐有人愁。乐的是汉族人，愁的自然就是满

叱咤风云 CHIZHA FENGYUN

族人了。有的满族人对此十分想不通：皇帝对汉族的文化这么推崇，就不怕汉人对我们进行文化"侵略"，把我们旗人辛辛苦苦打下的江山又夺走吗？

其实，在这里，本报倒是要劝各位满族大臣，俗话说得好：创业容易守成难。满族人可以靠武力夺得江山，可却不能靠武力来治理江山。治理江山是一门很大的学问。自从汉武帝"罢黜百家，独尊儒术"以来，历朝帝王都主张以儒学来治国，这其中不是没有道理的。

儒学提倡"仁义礼智信"，教育百姓尊师重道、忠君爱国，这样一来，就能在很大程度上保障君主的权力，避免国家发生动乱。

当然，最重要的是，这样可以获得大多数汉族人的支持。

满族人入关才几十年，满汉文化之间的冲突还很大，很多汉族人很排斥清朝。皇帝尊崇儒学，表明他尊重汉族文化，可以在很大程度上拉拢汉族人，促进国家的统一。

这么一说，你是不是就明白了呢？皇帝尊儒并不是糊涂，也不是意气用事，相反，这是他聪明、理智的一个表现呢！

《全唐诗》：
史上最完备的唐诗集

大家都知道，康熙帝从小就喜欢读书，亲政之后，也把大部分闲余时间用来读书。用他自己的话来说，是："一刻不亲近书本，心里难免就会产生杂念。"

康熙帝所读书籍范围非常广，无论是经史典籍，还是诸子百家，他都爱读。康熙帝还喜欢读诗，其中又以唐诗为首。

唐朝是我国诗歌发展的巅峰时期，诗人云集，各领风骚，流传下来的诗歌不下万首。唐朝之后，很多人都对唐诗进行过汇编，像明朝胡震亨编纂的《唐音统签》，有一千零二十七卷；清初季振宜整理的《唐诗》，有七百一十七卷。尽管这些诗集收藏量都很惊人，可对康熙帝来说还不够。康熙帝要的，是一部有史以来最完备的唐诗集。

于是，公元1705年，康熙帝第五次南巡时，命江宁织造曹寅（yín）（《红楼梦》作者曹雪芹的祖父）主编《全唐诗》，历经一年半时间后，诗稿终于完成。如今，这套诗集已经刊印成册，在全国发售。

在这里，小编不得不给《全唐诗》打个广告了：凡是爱读唐诗、研究唐诗的人，大家千万不要错过这套好书。《全唐诗》一共有九百卷，光目录就有十二卷，共收录了四万八千九百多首唐诗，涉及二千二百多个作者，汇聚了唐朝三百年诗歌的精华，是有史以来最为完备的唐诗集。而且，你还能在卷首读到康熙帝亲自写的序呢！

名人有约 MINGREN YOU YUE

越越 大嘴记者

康熙帝 特约嘉宾

嘉宾简介： 他不仅有雄才伟略，而且还精通水利。他在位期间，曾多次派人治理黄河，并为了实地考察曾六次南巡。后来，他又亲自操刀治理黄河，在很大程度上解决了黄河的泛滥问题，为黄河两岸的百姓带来了福祉。

越越：皇上您好，最近黄河治理得怎么样啦？

康熙：（揉揉黑眼圈）唉，自从靳辅死后，接连几任河道总督都不行啊！

越越：靳辅可是个好官。

康熙：是啊，只可惜死得太早了。不然还将治河的重任交给他，朕就省心多啦。不过说什么也没用了，如今朕只能亲自操刀，亲理河务了，可累死朕了。

越越：哇，想不到皇上不仅会治国，还懂治河呢。

康熙：都是被逼出来的。

越越：那您都是怎么治理的呢？

康熙：嗯，朕主要做了四件事。首先，朕通过多年的摸索，总算找出了下游七州县老是被淹的原因：由于泥沙淤积，黄河河床逐年增高，导致黄河水面高于洪泽湖。这样一来，洪泽湖就没法顺利向黄河泄水。若要强制泄水，就不可避免会淹没下游七州。

越越：那该怎么办？

康熙：所以得解决黄河泥沙沉积的问题。朕发现，黄河的弯儿特别多，弯儿一多，水流就缓，水流一缓，泥沙就特别容易淤积，所以朕命人将黄河很多弯曲的地方裁弯取直，让河水直刷刷地冲下来，很快就将泥沙冲走了。水流出去

MINGREN YOU YUE　名人有约

了，自然就不容易发生水灾了。

越越：妙，真妙啊，我怎么就没想到这一招呢？

康熙：怎么？你也想做朕的河道总督？

越越：（不好意思地挠挠头）嘿，想是想，就是没那个天赋。那第二件事是什么？

康熙：黄河夺了淮河的出海口，造成淮河流域不畅通，使周边地区受灾。（编者注：现今黄河入海口已与淮河的分开，并从山东入海。）

越越：那这个问题怎么解决呢？

康熙：简单，只要将原来的入海口封闭，重开一条入海口就行了。

越越：嘿嘿，听皇上这么一说，我就豁然开朗了！那第三件事是什么呢？

康熙：拆拦黄大坝。

越越：拦黄大坝是什么东西？

康熙：原本是用来堵截黄河河水的大坝，结果把黄河出海口都塞住了，河水只能通过旁边一条人造河出海。若不拆除此大坝，黄河就无法畅通。

越越：皇上英明，这座大坝是哪个缺心眼儿的人建的呀？

康熙：是靳辅之后的一位河道总督，叫董安国。

越越：呃，那当我什么都没说。最后一件事是什么？

康熙：高邮湖地势较低，湖水难以流入黄河，这也是下游七州县老是遭灾的另一个重大原因。所以朕就新开了两条河，一条叫芒稻河，另一条叫人字河，将湖水引入长江。这样一来，高邮湖的问题也解决了。

越越：嘿，皇上果然厉害。有皇上在，哪需要什么河道总督呀？

康熙：（笑）呵呵，你这个小记者，还挺会拍马屁的嘛。

越越：（脸红）呃，那个，皇上谬奖了。好啦，皇上治河辛苦了，还是早点休息吧，咱们下次见。

157

广告铺

关于治河经费的规定

以前，治河经费一直由工部掌管，可后来朕发现，工部官员常常借此勒索贿赂，导致治河经费亏损。因此朕决定，从今天起，治河经费不再经由工部，而是直接拨给河臣。望河臣们能更加尽心地治理黄河，也希望工部官员多多反省。

康熙帝

不许无故干扰商人

各地的官员们听着，为了保护本朝商业发展，你们不许无故侵扰商人，不许向商人索求财物，不许借商船运军需和士兵。商人若有需要，允许他们用漕船捎带货物。

康熙帝

最后的诀别

奴才原本只是太皇太后的侍女，却有幸参与了我朝开国冠服的设计，担任过顺治帝和康熙帝两代皇帝的启蒙老师。在这里我活到了九十多岁，皇帝待我也犹如亲人。如今我病了，皇上还特地赐了我治病良方，蒙此厚恩，我就是死了也知足了。活到这把岁数，我还有什么可说的呢，唯有多多为皇帝祈祷，祝皇上万岁万岁万岁岁。

苏麻喇姑

穿越报
CHUANYUE BAO

第11期
公元1708年——公元1712年

父亲与儿子的战争
康熙大帝

【烽火快报】
- 皇太子被废了！

【绝密档案】
- 太子被废的秘密

【叱咤风云】
- 争储战争打响了
- 废太子被复立啦

【名人有约】
- 特约嘉宾：爱新觉罗·胤礽

【广告铺】
- 生辰钱
- 第一次出使欧洲
- 不想饿死的人，跟我们走！

穿越必读 CHUANYUE BIDU

　　康熙一生文治武功，为百姓创造了一个繁荣的太平盛世。然而，康熙晚年却在立储的问题上犯下了不小的错误，导致众阿哥竞相争储，搅得朝廷内外不得安宁，这便是历史上有名的"九子夺嫡"。

烽火快报
FENGHUO KUAIBAO

皇太子被废了!
—— 来自京城的加密快报

来自京城的加密快报!

公元1708年九月,宫中传来一条重磅消息——皇太子胤礽（yìn réng）疯了！而太子疯了的直接原因是,康熙帝废掉了胤礽的太子资格！消息一出,举国震惊。

要知道,胤礽原是康熙帝的第六个儿子,但他前面的四个哥哥都不幸夭折了,他就成了二阿哥,而他的生母是康熙帝的正宫皇后赫舍里氏,因此,他的身份地位又比大阿哥胤禔（tí）的地位要高得多。

而且,赫舍里氏在生他的当天,由于难产不幸去世。康熙帝就把对妻子的爱,转移到了他的身上,特别疼爱他,才刚刚一岁多,就把他立为皇太子。

在这之前,清朝从来没有立过太子,新帝往往是在先帝死后,由八旗旗主共同推选出来的。刚满周岁的胤礽,就成了大清开国以来的第一个皇太子。康熙帝也一直将他当成自己的接班人苦心培养。

那么,一个一出生就集万千宠爱于一身的皇太子,为什么会被突然废掉呢？请关注本报接下来的报道。

太子被废的秘密

为了把儿子培养成跟自己一样的一代贤君,康熙帝在太子身上耗尽了心血。可这次为什么不顾多年的苦心培养和父子亲情,坚持要把太子废掉呢?原因是希望越大,失望也越大。

胤礽因为从小被立为太子,一人之下,万人之上,受尽了别人的巴结奉承,时间一长,就有了高傲自大、冷漠无情的毛病。

公元1690年,康熙帝在第一次亲征噶尔丹的途中,不幸病倒了。太子和三阿哥前去看望。三阿哥一见到卧病在床的康熙帝,就失声痛哭。太子却站在一旁,一脸无动于衷的样子。

康熙帝是个十分孝顺的人,每次出巡在外,他都要给自己的祖母孝庄太皇太后写信问安。孝庄生病时,他连续三十五天衣不解带地伺候。但太子的这种行为,让康熙帝看了心里顿时拔凉拔凉的,没多久,就把太子赶回京城了。

公元1696年,康熙帝再次亲征噶尔丹,让太子留守京城。康熙帝前脚刚走,后脚就有一些攀龙附凤的小人迅速围在太子身边。太子呢,正想着怎么扩大势力,好让自己不被皇帝压制呢,于是来者不拒。

而这些人中,什么鸡鸣狗盗之辈都有,自打攀上太子这根高枝后,便更加肆意妄为,把整个京城搅得天翻地覆。

康熙帝回京听说了这事后,大发雷霆,立刻动手将这些太子

党给清除掉了。

公元1698年,康熙帝大封诸位皇子,将大阿哥胤禔、三阿哥胤祉(zhǐ)封为郡王,四阿哥胤禛(zhēn)、五阿哥胤祺(qí)、七阿哥胤祐(yòu)、八阿哥胤禩(sì)均封为贝勒。各位阿哥受封后,都陆续参与到政事中来。

逐渐失宠的太子明显感到了巨大威胁,与康熙帝之间的关系也更僵了。

康熙帝也深深地觉察到这一点,为了让太子学乖一点,他决定先拿太子身边的人开刀。公元1703年,康熙帝下令逮捕太子的亲信索额图,说他"妄议国事,结党营私",是"本朝第一罪人",将他关进了大牢。没多久,索额图就死在了牢里。接着,康熙帝又下令把太子党中所有身居高位的大臣都罢了官。

在皇帝至高无上的权力面前,太子党的势力顷刻间土崩瓦解,这使太子又气又急,不由对康熙帝心怀怨恨。而更让他焦躁不

安的是父亲健健康康，一点毛病都没有，这样下去，什么时候轮到他当皇帝呢？

公元1708年，太子跟着康熙帝北巡塞外。由于对康熙帝心怀不满，太子一路张扬跋扈，看哪个阿哥、大臣不顺眼，抬手就打；蒙古人向康熙帝进献的宝马，他看上哪匹，就立刻抢过来；对康熙帝也是大呼小叫，一点儿礼数都没有。

半路上，十八阿哥胤祄（xiè）生了重病，性命危在旦夕，康熙帝急得团团转，太子却在一旁幸灾乐祸，把康熙帝气得差点吐血。

后来，康熙帝还发现太子夜里经常鬼鬼祟祟地从帐篷的缝隙里窥视他，看样子，像是在找机会干掉他。

康熙帝再也忍不住了，这样一个不仁不孝之人，怎么能当皇帝呢？于是他立刻下诏把太子抓起来，接着，命人把太子的余党一网打尽。

等回到京城后，康熙帝便流着眼泪昭告天下，废掉太子胤礽，并将他关押在咸安宫。不久后，太子就疯了。

争储战争打响了

太子疯了,他的兄弟们却乐坏了。他们本来就不满二阿哥做太子,大家都是皇帝的儿子,谁也不比谁差,凭什么他们就只能眼巴巴地看着,而不能做太子?

这下可好,太子一废,众阿哥们便一个个拉帮结派,向太子之位发起冲击。

首先是大阿哥胤禔,作为康熙帝的长子,本来是有机会当上太子的,可惜他是庶出,所以跟太子之位擦肩而过。因为这点,胤禔心里非常不平衡。

康熙帝把太子抓起来后,大阿哥一面努力在康熙帝跟前表现自己,一面把废太子往死里整。可不久后,大阿哥就被人揭发,说他用巫术诅咒太子。康熙帝派人一搜,果然找到好多行巫的物件。康熙帝一怒,立刻削

叱咤风云 CHIZHA FENGYUN

去大阿哥的王位，将他囚禁了起来。

除大阿哥外，还有一个人对争储也表现得异常积极，他就是八阿哥胤禩。

八阿哥精明能干，在朝中人气非常高，康熙帝也对他刮目相看。只可惜八阿哥的生母地位低下，在一定程度上连累了八阿哥。

太子被废后，太子的同党、内务府总管凌普贪污受贿的事情也暴露了。康熙帝下令将凌普关进大牢，改由八阿哥担任内务府总管一职，彻查凌普贪污一案。可惜八阿哥为了收买人心，重罪轻判，放了凌普一马。康熙帝知道后大怒，立刻杀了凌普，将八阿哥也关押了起来。

大阿哥和八阿哥在这场争储战争中，相继被康熙帝判了"死刑"。至于其他阿哥，目前还算老实，没有被康熙帝发现争储的苗头。不过没被发现是一回事，有没有做就是另一回事啦。在这场激烈的争储战中，究竟鹿死谁手呢？

百姓茶馆 BAIXING CHAGUAN

正确夺位的方式

唐秀才

这个大阿哥也真是蠢得可以。听说太子一废,他就迫不及待奏请杀掉太子,还自作聪明,说什么"不必父皇亲自动手,儿臣来替您办",这可把皇上气坏了。我真怀疑大阿哥是不是想故意气死皇上,然后趁机夺位。

嘿嘿,气死皇上倒不至于,不过大阿哥真的是太蠢了。他也不想想,太子就算犯了天大的错,也是皇上的亲骨肉。皇上再生气,也不可能对亲生儿子下毒手呀。反而是大阿哥,说这种大逆不道的话,分明就是在告诉皇上:我这个人啊,就是这么心狠手辣,为了当皇帝,杀亲兄弟都不带眨眼的,父皇,您就把皇位传给我吧……

书生童童

刘员外

哈哈,笑死我了。不过童童说的没错,大阿哥是自己找死,怨不得别人。就算他诅咒太子的事情没有被人揭发,以他的脾气和智商,也迟早会捅大娄子,到时候下场还是一样的。

是啊,相比大阿哥而言,八阿哥就聪明一点,知道"以德服人"。不过呢,八阿哥不懂得隐藏野心,把事情做得太明显了,结果也没什么好下场。

进士小楚

董先生

所以呀,在这些阿哥中间,看上去越是忠厚老实的,反而越有可能是最精明的那个。比如,四阿哥就一直表现得挺清心寡欲的,还在皇上跟前帮太子说好话呢。可谁知道他背地里想些什么……嘘,我还是别说了,免得隔墙有耳。一切就让我们拭目以待吧。

XIHA YUAN 嘻哈园

叱咤风云 CHIZHA FENGYUN

废太子被复立啦

为了平息阿哥们的明争暗斗，康熙帝决定尽快确立新太子人选。

公元1708年年底，康熙帝召集文武大臣，叫他们推荐合适的太子人选，还特别交代说："大阿哥举止乖僻，不适合当皇帝，你们就别推荐他了。除大阿哥外，你们推荐谁我都同意。"

大臣们一听，立刻激烈地讨论起来。尤其是八爷党，一个个摩拳擦掌、激动难耐，很快将八阿哥的名字递了上去。

康熙帝看了，气得火冒三丈，强压住怒火说："立太子是件大事，不可儿戏。八阿哥没有参政的经验，最近又犯了事，被朕关了起来，而且他母亲出身低贱，不适合当太子。你们再讨论讨论。"

大臣们又热火朝天地讨论起来，可讨论了半天，也没讨论出个所以然来，会议无果而终。

时间一天天过去，阿哥们的争斗不仅没有平息，反而愈演愈烈，把王公们也牵扯了进来。

康熙帝忧心忡忡，心想这样下去，必定会引起时局动荡。不行，一定要尽快确立新太子人选！

那么，选谁好呢？

据知情人士透漏，其实康熙帝心中早有了合适的人选，说出来，也许会吓大家一跳，因为他不是别人，正是废太子胤礽。

奇怪，胤礽是康熙帝亲手废掉的，怎么又成了康熙帝心中最佳的

太子人选呢？

原来，胤礽刚刚被废的时候，曾向康熙帝申诉说："父皇说我别的不是，我都认了，唯独这篡权弑君的罪名，实在是冤枉我了。"

康熙帝听了十分感慨，立刻下令将胤礽脖子上的锁链解除了。

后来众阿哥为了争当太子，互相攻击、互相揭发，把很多当初造谣、诋毁太子的事情给抖了出来。

尤其是大阿哥胤禔诅咒太子的事情败露后，康熙帝更加觉得自己冤枉胤礽了：我说胤礽怎么性情大变呢，原来是大阿哥搞得鬼。于是对胤礽的厌恶减轻了很多，还经常召见他。父子两个见面后，推心置腹地谈了几次，一切误会都烟消云散了。

最后康熙帝决定，还是由二阿哥胤礽来当太子。

不久后，康熙帝给胤礽下了一份平反诏书，说他之所以行为反常，都是由于之前大阿哥行巫术的缘故，于是下令释放了胤礽。

接下来的事情就顺理成章了。胤礽仍旧像以前一样，参与朝政，陪同康熙帝出巡。

公元1709年春天，康熙帝见时机成熟了，再次下旨昭告天下，复立胤礽为太子。

鸿雁传书 HONGYAN CHUAN SHU

太子太让朕失望了

穿穿老师：

您好。朕原以为，胤礽吸取了上次的教训，复立为太子之后，再也不会肆意妄为。谁知他仍旧像之前一样拉帮结派、胡作非为，甚至比之前还要过分，不但纸醉金迷、挥霍无度，各项花销比我这个皇帝还大，还常常在朕面前诬告他人，动不动就要置人于死地。

朕一再警告他："一个人如果知错不改，一犯再犯，那就相当于自暴自弃、自寻死路。"可他却把朕的话当耳旁风。

朕常想，像他这种人将来如果当上了皇帝，必定是个昏君加暴君。如今我对他已经彻底失望了。为了大清的将来着想，朕不得不再次废掉他。想到这里，朕真是心如刀割，可是又有什么办法呢？

大清皇帝爱新觉罗·玄烨

皇上：

您好。这三年来皇太子的所作所为，我们也略有耳闻。说实话，"江山易改，本性难移。"假如皇上不是对他失望透顶，又怎么会废掉他？既然已经废掉了，就没必要再复立。

当然，我也明白皇上的苦衷，要不是众阿哥们争储，搅得朝廷内外不得安宁，皇上也不会这么急着立太子。可有些事情是急不来的，实在找不到合适的太子人选，还不如就让太子之位空在那里。

如果陛下打算再次废掉太子，阿哥们一定会再次掀起一波争储高潮，还望皇上能有个心理准备。

《穿越报》编辑

【公元1712年，康熙再次废掉太子。】

名人有约

MINGREN YOU YUE

越越 大嘴记者

爱新觉罗·胤礽 特约嘉宾

嘉宾简介： 废太子。作为康熙帝唯一的嫡子，他一出生就拥有无限的宠爱和权力，不得不说，他是一个幸运的人。然而，这种幸运持续长达四十年后，身处皇权中心的他，还是陷入了无穷尽的政治斗争，最终以幽死禁宫收场，让人叹息。

越越： 你好，太子。

胤礽： （摆手）以后别叫我太子了，我已经被废了。

越越： 但听说你皇阿玛一开始是想把你培养成盛世明君的？

胤礽： 当初皇阿玛对我还是花了不少心思的。我六岁以前，都是皇阿玛亲自教我读书。后来还给我请来了汉文老师和蒙文老师。我每天早上五点多钟就要起床读书，到下午四点左右才放学。

越越： 有寒暑假吗？嗯，我是指大热天和大冷天可以休息吗？

胤礽： （摇头）那可不成，一年当中，只有春节、端午、中秋、万寿节、皇子本人的生日这五天可以不读书，其他的日子都不行。每天上课时只能休息一刻钟，还不可以乱走，否则就可能被罚站；大热天还不能扇扇子。

越越： （惊恐）呃……这么严……

胤礽： 皇阿玛经常亲自来检查我的学习情况，下午还会检查我的射箭成绩……

越越： 哇！还要射箭骑马！

胤礽： 那当然！我大清皇子个个都骁勇善战，不会射箭骑马怎么行！（转眼唉声叹气）可我学这么多有什么用？

越越： 怎么会没用呢？多学点，就能多点底气做个好皇帝了。

胤礽： 唉，我哪有什么机会啊！你看，我皇阿玛还精神得很，再活个十年八年没一

名人有约 MINGREN YOU YUE

点问题。可我已经老了。我也不是迫不及待要当皇帝，可我要是一天不当皇帝，我那些兄弟就一天不消停。

越越： 他们怎么了？

胤礽： 要不是他们胡说八道，皇阿玛怎么会怀疑我要篡位弑君，废了我，还废了两次呢？

越越： 宫廷果然险恶！

胤礽： 要是说我别的不是，我也认了，我毛病是很多，可是说我要篡位弑父，我绝没有这个意思。

越越： 真是庆幸没有生在帝王家啊！

胤礽： 皇阿玛是爱我的，我知道，他第一次废我的时候，痛哭流涕，甚至扑倒在地，完全不顾自己的帝王威仪。

越越： 唉，你太伤他的心了！

胤礽： （凄然一笑）有谁能理解我呢？古今天下，有谁当了四十年太子呢？人生有几个四十年呢？兄弟间的这种自相残杀我已经厌倦

了。如果我早日当了皇帝，这一切不就可以终止了吗？但皇阿玛依旧舍不得他的皇位……这难道是我一个人的不是吗？

越越： 唉，您这话要让皇上听了，皇上一定会很伤心的，难道长寿也是他的错吗？

胤礽： 长寿没有错，但一直占着个皇位，不让年轻人上场就不应该了，对不对？

越越： 唉，皇上年纪大了，一下子让他放弃权力也不太容易。要是他没了权力，万一你受什么人蛊惑，伤害他，他这一世英名不就毁了吗？您就再耐心等等吧！皇上这么疼你，说不定又打算重新立你为太子了。

胤礽： （无奈）他老人家是皇帝，他想怎样就怎样吧，谁叫我不是皇帝，只是个太子呢？

越越： 太子你千万不要放弃，留得青山在，不怕没柴烧。希望下次还有机会采访你。

（然而，康熙一直到死，都没有再立过太子。）

广告铺

生辰钱

值皇帝六十寿辰之际，我局特铸造发行了一种向皇帝祝寿的生辰钱。这种生辰钱正面为"康熙通宝"四字，与普通的"康熙通宝"钱基本相同，但钱背除铸有满汉文"福"字外，还在上方多铸了一个代表生肖的地支文字，不仅制作精美，且富有纪念意义，存量不多，欲购从速。

福建省宝福铸钱局

第一次出使欧洲

为了对迁往伏尔加河的土尔扈特部表示慰问，皇上派我们出使欧洲，虽然花费了两年时间才完成这个任务，一路上也很辛苦，但也见到了很多有趣的人和事，这趟出使是很值得的。这也是我们大清朝第一次出使欧洲，我们会将这一次的所见所闻，编成一本叫《异域录》的书，用来纪念这次出使。

图理琛使团

不想饿死的人，跟我们走！

我们原本不是盗贼，却因为灾荒，连口饭都没得吃，而那些富人，却还将粮食囤积起来，高价出售，这怎能不让人愤怒呢？兄弟姐妹们，既然他们不为我们着想，我们何不去他们家里"做个客"，不想饿死的人跟我们一起去！

福建灾民团

第12期

公元1712年—公元1722年

最后十年

康熙大帝

穿越报
CHUANYUE BAO

【烽火快报】
- 一封置人于死地的书信

【绝密档案】
- 《明史》，大清的一根高压线

【叱咤风云】
- 入兵安藏，十四阿哥显神威
- 新旧更替，新皇帝竟是……

【文化广场】
- 《康熙字典》：史上最详尽的字书

【名人有约】
- 特约嘉宾：爱新觉罗·胤禛

【广告铺】
- 千叟宴邀请函
- 最好的地图：《皇舆全览图》
- 修撰《明史》，一项伟大而艰苦的工作

【智者为王】
- 第4关

穿越必读 CHUANYUE BIDU

在康熙最后的十年里，九子夺嫡之争愈演愈烈。这位年近古稀的老人，在经历了一场浩大的文字狱、一场盛大的千叟宴之后，在悲苦中离开了人世。最终，他会将皇位交到哪位皇子的手上呢？

一封置人于死地的书信
——来自京城的快报

公元1711年十月，左都御史赵申乔向康熙帝告了一状，说翰林院编修戴名世，恃才放荡、满嘴胡言，实在是有辱大清尊严。

当然，告状得讲证据，不能空口无凭。所以，刑部官员很快就找到了"罪证"——一本叫《南山集》的书。

该书收录了一封信，信是戴名世写给自己一个叫余湛的学生的。原来余湛曾在和一个和尚交谈的时候，说到了南明的一些事情。这个和尚亲自经历过南明，所叙述的事情应该比较可靠。而戴名世当时负责编修《明史》一书，因此，就很想得到第一手的资料。遗憾的是，戴名世没有跟那个和尚见到面。因此，戴名世让余湛把自己听到的都一一写给他，说有机会的话，还是想跟那个和尚见个面，聊一聊。

这本是一封普通的书信，然而，就因为其中写了南明政权的年号，康熙大怒，将戴名世关进了牢房。一年后，不但戴名世被斩首，连那些帮助印刷、买卖、收藏他的书的人，也被一一定了重罪，不是充当苦力，就是发配为奴，牵连人数达三百多人。一时之间，此事震动朝野。

此后，戴名世及其他相关人员的所有著作，被一一烧毁，并列为禁书。

来自京城的加急快报！

绝密档案 JUEMI DANGAN

《明史》,大清的一根高压线

一封书信引发了一场血案,这是很多人都没想到的事,都说这个案子判得太重了。

有人说,这是赵申乔公报私仇。因为前些年的科举考试,会试第一名的戴名世,输给了他的儿子赵熊诏,屈居"第二名"。而赵熊诏参加科考,考了二十一年,会试时还是二十多名,最后却得了状元,大家都怀疑他靠的不是真本事。为了堵住众人之口,赵申乔就先发制人,抓住点把柄,就往戴名世身上泼脏水。

也有人说,主要还是戴名世太狂妄了,怎么能在天子眼皮底下写这种文章?这不明显是活得不耐烦了吗?

为什么这么说呢?因为戴名世这一案涉及一个敏感词——《明史》!

大家都知道,这些年来,清朝一直禁止老百姓私自编纂《明史》,然而,有的老百姓非常怀念大明,难免有人在私底下做这些事,比如清初的庄廷鑨(lóng,同耆)。结果,庄廷鑨一家被整得很惨,而当时被牵连的人比这次有过之而无不及,多达两千人以上!

也就是说,《明史》相当于清朝的一根高压线,没有朝廷的允许,谁都不能碰,碰了就得死!

《南山集》一案,不过是清廷杀鸡儆猴,为大家敲起的一记警钟。从此,民间再也没有人敢私自编纂《明史》了。

(公元1723年,才登上皇位的雍正为《南山集》案翻案,除戴名世的孙子外,其他人员一律免罪。)

鸿雁传书 HONGYAN CHUAN SHU

谁为明朝撰史?

穿穿老师:

你好,俺是一个种田的,文人的事情我不懂,但明史案我多多少少听说了一点。只知道朝廷不准人修撰《明史》,谁修砍谁脑袋。俺虽然是个庄稼人,可俺也知道历史这个东西很重要。朝廷不准人修《明史》,是想学我们农民锄草,把明朝从中国历史中剔掉吗?如果是这样的话,那朝廷这帮人也太欺负人了。

某种田老伯

老伯:

您误会啦!朝廷确实不准老百姓私自修《明史》,但也没说不让官方修呀。其实早在几十年前,朝廷就开设了明史馆,并选拔了一大批朝廷官员和鸿儒来修撰《明史》。像徐元文、叶方蔼、张玉书、王鸿绪、陈廷敬这些都是忠厚正直的好史官,还有一个叫万斯同的史学家,也被请来帮忙删定史稿呢。

有趣的是,万斯同虽然参加了《明史》的修撰工作,可他作为汉族人,对清朝有很大的抵触情绪,所以坚持不食朝廷俸禄。皇上知道后,也没有责怪他,任由他以平民的身份撰史。

所以您放心,在当今圣上的英明领导下,再加上史官们夜以继日地辛勤工作,相信《明史》一定会被修得漂漂亮亮的,包您满意。

《穿越报》编辑 穿穿

【康熙年间,《明史》已基本修成,但没有正式定稿。雍正即位后,朝廷再次开设明史馆,《明史》终于得以完成。】

百姓茶馆 BAIXING CHAGUAN

阿哥们又开始争储啦

这太子一废，那帮阿哥们又像打了鸡血一样开始争储了。听说一共有九位皇子参与呢（编者注：这件事史称"九子夺嫡"）！

猎人阿郎

猎场守卫老杨

别的阿哥不知道，八阿哥胤禩肯定是没戏了。他见争储无望，居然趁皇上外出打猎的时候，献了一只死老鹰，把皇上气得当场就跟他断绝了父子关系。这下他是彻底完蛋了。

不是吧，八阿哥挺聪明的呀，怎么会干这种蠢事？我看多半是有人栽赃陷害吧。

书生小唐

小兵张三

谁知道呀。不过我觉得十四阿哥胤祯（zhēn）的机会挺大的。据说皇上要任命他为抚远大将军，派他带兵入藏，这不是在有意锻炼他吗？依我看，这太子之位多半是十四阿哥的了。

别忘了，十四阿哥还有一个同母的哥哥——四阿哥胤禛呢，听说也挺能干的，不过为人低调，当太子的可能性不大。其实三阿哥胤祉也是个种子选手，只可惜，他整天忙着编书，整个就是一个文人。总之，还是十四阿哥最有可能当太子。

书肆刘老板

叱咤风云 CHIZHA FENGYUN

入兵安藏，十四阿哥显神威

近日，由于十四阿哥要带兵安藏，西藏这个地名成为了人们关注的焦点。

其实，早在公元1644年，清王朝就取代了明王朝，加强对西藏的管理。清朝也分别于公元1653年和公元1713年册封了五世达赖喇嘛和五世班禅喇嘛，自此正式确定了达赖喇嘛和班禅额尔德尼的封号，以及他们在西藏的政治和宗教地位。其中，达赖喇嘛在拉萨统治西藏的大部分地区，班禅额尔德尼在日喀则统治西藏的另一部分地区。

那么，这次十四阿哥是因为什么要去西藏呢？记者经过明察暗访，终于了解到一点信息。

原来，康熙帝的"老对头"准噶尔部出兵入藏了。这一次，带头的是噶尔丹的侄子策妄阿拉布坦大汗。他们攻入西藏，杀害了藏王拉

叱咤风云 CHIZHA FENGYUN

藏汗,再一次向清朝发起了挑衅!

康熙帝立即任命十四阿哥胤祯(雍正当皇帝后,避讳改名允禵)为抚远大将军,统率大军,前往西藏讨伐策妄阿拉布坦。

为了表示对这次出征的重视,康熙帝为十四阿哥举行了隆重的欢送仪式,其相当于天子亲征的规格。十四阿哥出征后,康熙帝不但赏给他十万两银子,还把他的几个儿子常常带在身边。从这可以看出,十四阿哥在康熙皇帝心目中地位是相当的高啊!

事实证明,康熙帝没有看错人,十四阿哥虽贵为皇子,但也不是什么纨绔子弟,也是相当能干的。他不但赶走了盘踞拉萨三年之久的准噶尔部,还在拉萨为新封的达赖喇嘛举行了隆重的继位仪式。

至此,西藏恢复了安定,十四阿哥也因此威名远扬。

新旧更替，新皇帝竟是……

就在十四阿哥安定西藏时，公元1722年，一个噩耗从皇家园林畅春园里传来，康熙皇帝驾崩了，终年六十九岁。

七天后，皇四子胤禛便头戴皇冠，身穿龙袍，在太和殿登基了（史称雍正帝）。对于这突如其来的变故，很多人都有些发蒙，一些流言蜚语开始在小街小巷流传。

有人说："先帝在畅春园养病时，雍正曾派人送去一碗人参汤，先帝就是喝了这汤才驾崩的。"

还有人说："先帝原本是想传位给十四阿哥，结果雍正篡改了诏书，将'皇位传十四子'改成了'皇位传于四子'。"

还有人说："先帝病重时，曾下旨叫正在外地打仗的十四阿哥回京，结果诏书被隆科多藏了起来。先帝驾

叱咤风云 CHIZHA FENGYUN

崩的时候,十四阿哥没能及时赶回来,这才被雍正捷足先登,夺取了皇位。"

那么这些流言蜚语,到底有多少可信度呢?

据宫女们透露,康熙在世的时候,最讨厌喝人参汤了。更何况,康熙当时得的是重感冒,要是喝人参汤,那不是火上浇油吗?而且,诏书是用满、蒙、汉三种文字来写的,汉文用的都是繁体字,字形差得很远,根本无法篡改,再说就算改得了汉文,满文、蒙文能改吗?

还有隆科多,他只负责保护皇帝,以他的权职,根本不可能拿到遗诏,更别提篡改了。

所以有人认为,这些流言多半是那些落选的阿哥因为心理不平衡,故意散播开来的,为的就是搞臭雍正的名声。

不管怎么样,康熙时代结束了,一个崭新的时代——雍正王朝开始了!

《康熙字典》：史上最详尽的字书

中国的汉字之多，每个国人都深有体会。一个人就算穷尽一生时间，也难以将所有汉字认全。那么，这个时代的人在读书写字时，遇到生字怎么办呢？当然是查字书（即现在的字典）啦。

像《字汇》《正字通》等都是很流行的字书。只不过这些字书有的太过简略，有的又太过繁杂，还有的内容频频出现错误，于是，康熙帝萌生了新编一套字书的念头。

于是，公元1710年，康熙帝命张玉书、陈廷敬为总阅官，并任命了二十七个撰修官，开始编写新字书。

编字书是一项非常繁冗的工程，尽管有很多前朝字书做参考，可撰修官们还是花了六年时间，直到公元1716年，才将它完成。

新字书一共收录了四万七千零三十五个字，比以往任何一部字书收录的字都要多，而且每个字的注音、释义、引用等，也比以往任何一部字书都详细。除此以外，这部字书还采用了部首和笔画两种检字法，查阅起来也十分方便。

新字书完成后，康熙帝十分欣慰，亲自为它作序，并取了一个好听的书名《字典》（即后来的《康熙字典》）。

《字典》一面市，立刻受到了广大学子的欢迎。大家都说，有了这部新字书，再也不用担心遇到生僻字啦。

嘻哈园 XIHA YUAN

名人有约 MINGREN YOU YUE

 越越 大嘴记者

爱新觉罗·胤禛 特约嘉宾

嘉宾简介：雍正帝，大清王朝的第四任皇帝，康熙帝的接班人。当众阿哥为争储打得头破血流时，唯独他风轻云淡、无欲无求。然而，一切都只是他的伪装，事实上，他心思缜密、计谋周全，表面恬淡、实际隐忍，最终厚积薄发，一举夺得皇位，成为最终的胜利者。

越越：您好！皇上，您的黑眼圈这么重，昨晚又批奏折批到子时吧？

雍正：是啊，我恨不得天天晚上不用睡觉！有什么问题快问吧，节约时间！

越越：（擦汗）那我尽快，请问您四十多岁才当皇帝，有何感想？

雍正：还有好多事要做啊，再不做就来不及了！我怕没有皇阿玛那么长寿。

越越：皇上万岁万岁万万岁！有个问题大家都叫我来问您，请问您是怎么得到皇位的呢？您不是一直都表现得对皇位没什么兴趣吗？

雍正：对一件东西感兴趣，为什么一定要表现出来呢？表现出来对我有什么好处呢？

越越：（挠挠后脑勺）这么深刻的问题我倒没有想到……

雍正：你不在宫中，当然不知道宫廷险恶了。凡事一定要懂得隐藏、懂得忍让。"木秀于林，风必摧之"，你看太子的下场就知道了。

越越：胤礽一出生就被立为太子，先皇的意思是让其他儿子都断了念想。

雍正：皇阿玛的初衷是好的。可是，对皇权的渴望，不是他一下子就可以斩断的。如此一来，胤礽成了众矢之的。你想想，这不相当于把一块肉放在火上烤吗？

越越：皇上这么一说，我有点明白了。所以，在一件事还没有必胜的把握之前，适当地隐藏自己的野心是很

名人有约 MINGREN YOU YUE

有必要的。

雍正： 没错。一来皇阿玛也不愿意看到我们兄弟几个明目张胆地自相残杀，二来呢，也可以让兄弟们放松警惕，这样我也好做我想做的事情。

越越： 皇上英明！怪不得您能轻轻松松获得皇位。

雍正： 轻轻松松？呵呵，你只看到了表面，实际上我为皇位付出的心血，不比其他阿哥少。

越越： 有吗？

雍正： 胤礽被废后没过多久，就后悔了，说别的罪他都认了，唯独这篡权弑君，他不承认。大阿哥却不肯将这话告诉皇阿玛，后来还是我告诉皇阿玛。皇阿玛听了，才把胤礽脖子上的锁链给去掉了。

越越： 哦？这我就有点想不通了，胤礽被废，不正是您取代他的好机会吗？你干吗还要为他说好话？

雍正： 想取代胤礽，哪有那么容易？皇阿玛为人一向宽厚仁慈，虽然一时冲动废掉了胤礽，但时间一长，等他消了气，事情必定还有转圜的余地。我若在这时表现出觊觎太子之位的想法，必定会招来皇阿玛的反感。相反，我若是为胤礽说话，便能博得父皇的欣赏和信任。

越越： 原来如此，还是皇上"英明"。大阿哥和八阿哥就是不明白这个道理，才会被先帝一再打压，最后落得个被囚禁的下场。

雍正： 这都是他们自找的。

越越： 那如今您已经君临天下，打算怎么处理那些手下败将？

雍正： 该圈禁的圈禁，该流放的流放。跟我作对，我会叫他们死得很难看！

越越： （暗地里打了个寒战）不少人比较关心八阿哥的状况，方便透露一下吗？虽然我知道他是你的死对头。

雍正： 我这个对头确实快要"死"了，他现在已经被我圈禁了，叫那些人别盲目崇拜这些外表光鲜的"阿其那"（编者注：满语阿其那意为猪）了（得意一笑）。没什么问题了吧，我还要赶回去给我的狗狗"百福"和"造化"洗澡呢！

广告铺

千叟宴邀请函

自秦汉以来，有一百九十三个皇帝，但少有像我们皇上这么长寿的。为庆祝皇上六十寿诞（又称万寿节），现决定在畅春园举办第一届千叟宴，与天下长寿之人共享长寿之乐。凡是年满六十五岁以上的老人，不论是官员还是普通百姓，均可来京师参加宴会。

大清礼部发布于1713年

最好的地图：《皇舆全览图》

经过十年大规模的实地测绘，我们绘制了各省地图，最后终于完成了这幅《皇舆全览图》。本地图是中国第一幅绘有经纬网的全国地图，比例为1:140000，虽然有不准确的地方，但可以说是目前所有地图中最好的一份。希望大家喜欢。

《皇舆全览图》测绘队

修撰《明史》，一项伟大而艰苦的工作

历经四十多年修撰的《明史》终于要宣告完工了！该书由一批又一批的史官在心惊肉跳中不断修改和完善而成，耗费了上百名史官的心血，在这里，让我们向这些伟大的史官们致敬！

《明史》粉丝团

智者为王 ZHIZHE WEI WANG

第4关

智者无敌 王者为大

1. 公元1676年，皇上派谁去治理黄河？
2. 康熙帝南巡途经曲阜的时候，祭拜了谁？
3. 史上最完备的唐诗集是什么书？由谁主编的？
4. 苏麻喇姑是康熙帝的什么人？
5. 皇太子胤礽为什么疯了？
6. 清朝第一次出使欧洲由谁带头？花了多长时间？
7. 《南山集》是谁的作品？
8. 清朝一直禁止老百姓私自编纂哪朝历史？
9. 康熙帝命谁为抚远大将军，带兵入藏？
10. 攻入西藏，杀了藏王汗的是什么人？
11. 康熙帝活了多少岁？当了多少年皇帝？
12. 康熙帝死后，谁继承了皇位？
13. 《康熙字典》收录了多少字？
14. 为庆祝康熙帝六十大寿，大清办了一场什么宴会？
15. 中国第一幅绘有经纬网的全国地图叫什么名字？

智者为王答案

第 1 关答案

1. 爱新觉罗·玄烨；1654年。
2. 天花（即痘疮）。
3. 董鄂妃。
4. 他小时候得过天花。
5. 努尔哈赤。
6. 镶黄旗、正黄旗和正白旗，其被称为"上三旗"。
7. 公元1661年。
8. 八岁。
9. 索尼、苏克萨哈、遏必隆和鳌拜。
10. 在规定的时间里，让一个人骑马飞奔，凡是马踏过的土地，就用三角小旗做个记号，最后圈起来的土地，就归那人所有。
11. 鳌拜与苏克萨哈。
12. 赫舍氏；她是索尼的孙女。
13. 布库是满语，是"摔跤"的意思。
14. 鳌拜。
15. 南怀仁；他是比利时人，并且是传教士。

第 2 关答案

1. 公元1669年。
2. 为了鼓励天下的百姓勤劳耕作。
3. 康熙帝。
4. 康，是安宁的意思；熙，是兴盛的意思，合起来就是天下兴盛、百姓安宁。
5. 元旦、冬至和万寿节。
6. "盛世滋丁，永不加赋"，也就是新增的人丁，不再加收丁税。
7. 指的是三个汉族藩王，即云南"平西王"吴三桂、广东"平南王"尚可喜、福建"靖南王"耿精忠。
8. 平南王尚可喜；他想把王位让给儿子。
9. 三藩、漕运、河工。
10. 反清复明。
11. 陈圆圆。
12. 庐州。
13. 朱三太子案。
14. 索额图。
15. 为更好地帮助皇上学习汉族文化，掌握天下形势。

智者为王答案

第 3 关答案

1. 施琅。
2. 郑成功的儿子郑经。
3. 澎湖列岛。
4. 蓝理和施琅。
5. 公元1683年。
6. 不是,"木兰"是满语,其意思是"哨鹿",指的是捕鹿用的一种工具及操作方法,即用桦树皮制成喇叭,由捕猎者吹奏、诱捕。
7. 罗刹。
8. 彭春。
9. 藤牌军。
10. 《尼布楚条约》。
11. 戴梓。
12. 蒙古准噶尔部的首领。
13. 三次。
14. 陈梦雷。
15. 公元1687年。

第 4 关答案

1. 靳辅。
2. 孔子。
3. 《全唐诗》,曹寅。
4. 启蒙老师。
5. 因为康熙废掉了他的太子之位。
6. 图理琛;两年。
7. 戴名世。
8. 明朝。
9. 十四皇子胤禵。
10. 蒙古准噶尔人。
11. 六十九岁,当了六十一年皇帝。
12. 四皇子胤禛,即雍正帝。
13. 四万七千零三十五个字。
14. 千叟宴。
15. 《皇舆全览图》。

康熙生平大事年表

时间	年龄	大事记
公元1654年	一岁	出生于紫禁城景仁宫,名爱新觉罗·玄烨。
公元1661年	八岁	父顺治帝死,玄烨即位,改年号为康熙,鳌拜等四位大臣辅政。
公元1665年	十二岁	康熙帝大婚,册立索尼的孙女赫舍里氏为皇后。
公元1667年	十四岁	索尼去世。康熙帝正式亲政。
公元1669年	十六岁	康熙帝智擒鳌拜,夺回朝政大权。
公元1681年	二十八岁	清军攻入昆明,平定"三藩之乱"。
公元1683年	三十岁	收复台湾。
公元1689年	三十六岁	签订《中俄尼布楚条约》,确定中俄边境。
公元1691年	三十八岁	康熙帝在多伦与蒙古各部会盟,实行盟旗制度。
公元1703年	五十岁	淮河、黄河治理工程初步竣工。
公元1708年	五十五岁	废太子,九子夺嫡开始。
公元1722年	六十九岁	康熙帝病逝于畅春园。

图书在版编目(CIP)数据

千古一帝康熙帝／彭凡著.—北京：化学工业出版社，2015.9（2024.11重印）

（历史穿越报）

ISBN 978-7-122-24808-4

Ⅰ.①千… Ⅱ.①彭… Ⅲ.①康熙帝（1654-1722）-生平事迹-少年读物 Ⅳ.①K827=2

中国版本图书馆CIP数据核字（2015）第176995号

责任编辑：丁尚林　刘亚琦　　　　　　　　装帧设计：尹琳琳
责任校对：程晓彤

出版发行：化学工业出版社（北京市东城区青年湖南街13号　邮政编码100011）
印　　装：北京瑞禾彩色印刷有限公司
710mm×1000mm　1/16　印张12　2024年11月北京第1版第21次印刷

购书咨询：010-64518888　　售后服务：010-64518899
网　　址：http://www.cip.com.cn

凡购买本书，如有缺损质量问题，本社销售中心负责调换。

定　价：29.80元　　　　　　　　　　　　　　　版权所有　违者必究